친정 가는 길

머리말

친정은 그리움이다. 친정 엄마를 생각하면 괜스레 눈물이 나고 친정집에 무엇이라도 해주고 싶다. 여자는 아니지만 그 마음을 어찌 헤아리지 못할까! 내가 그리고 있는 작품의 주인공들이 하나같이 남자란 것에 놀랐었다. 여자는 대상으로 존재할 뿐이었다. 어쩌면 당연한 일인지 몰랐다. 남자인 내가 어떻게 여자를 알고 그릴 수 있단 말인가. 그럼에도 여자를 대상이 아닌 주인공으로 그리기 위해 노력했다. 첫 책인《정가네 소사》에 외할머니가 주요 인물로 등장했고 두 번째 책인《목호의 난: 1374 제주》는 노국공주와 버들아기가 각각 이야기를 이끌어갔다. 글 작가와 협업으로 완성한 전작《의병장 희순》의 주인공은 여성의 몸으로 일생 동안 조국 독립에 헌신한 윤희순 의사였다. 의도하진 않았지만 발표한 작품들 속에 여성주의적 색채가 묻어났다. 그럼에도 한계는 있었다. 일상의 대화 속에 남성지배적 시각을 여과없이 드러냈던 것이다.

살아가면서 남녀 간 불평등을 어렵지 않게 목격했다. 맞벌이를 하면서도 퇴근 후 가사 노동은 온전히 여자의 몫이었다. 단지 남자란 이유로 가사 노동에서 해방된 아버지와 삼촌들을 바라보며 마음이 편치 않았다.《친정 가는 길》을 그리게 된 동기다.

시작은 한국국학진흥원의 웹진〈스토리테마파크 담談〉에 실은 열 쪽짜리 짧은 단편이었다. 시집간 딸과 친정 엄마가 시댁의 허락을 받아 중간쯤에서 만나는 '반보기'를 알게 된 후에 살을 조금 더 붙였더니 열여섯 쪽이 되었다. 한발 더 나아가 이 이야기를 바탕으로 장편을 만들어보리라 하였다. 중·단편 위주로 작업을 해온 나에게 장편은 반드시 올라야 할 산이었다. 전작들이 있지만 더 높은 산을 원했다. 하지만 산은 나를 허락하지 않았다. 이야기를 어떻게 풀어야 할지 가닥조차 잡을 수 없었다.

실마리가 되어준 것은 우리 형수님들이었다. 큰형수가 한 살 적고 작은형수가 한 살 많지만 나이에 상관없이 서로를 존중했다. 기쁘고 슬픈 일을 함께 나누었다. 내 만화의 후원자이기도 한 두 분을 보면서 여자들의 우정에 대해 생각했다. 서로가 서로를 위하고 아끼는 마음. 세상을 변화시키는 힘은 그 마음에서 나오는 것이라 믿었다.

역사 이래 수많은 여성이 남성 중심의 가부장적 질서에 맞서 싸웠다. 지금은 당연히 누리고 있는 작은 권리 하나를 위해 목숨을 버려야 하는 일도 있었다. 여자는 아니지만 이야기를 쓰는 내내 여자 입장에서 생각했다. 운명에 순응하기보다는 맞서 싸우는 당찬 여자를 그리고자 하였다. 그렇게 탄생한 것이 송심과 숙영이다. 이들은 가부장적 질서에 순응하는 것 같다가도 끝내 저항하며 한 걸음씩 앞으로 나아간다.

그림 작업은 참으로 멀고도 먼 길이었다. 무엇보다 정해진 기간 내에 정해진 분량을 그려야 하는 데서 오는 압박감이 컸다. 두 여자가 마주한 운명이 '홍경래의 난'이듯 나에겐 《친정 가는 길》이 운명이었다. 봄 여름 가을. 계절이 변하는 동안 작업으로 인해 시력이 눈에 띄게 나빠졌다. 체중도 불었다. 단숨에 오르던 동네 앞산을 이제는 몇 차례 쉬어야 오를 수 있다. 그럼에도 지난 시간을 후회하진 않는다. 제법 두껍게 쌓인 원고와 그동안 갈아 끼운 펜촉을 보노라면 마음이 흐뭇하다. 펜을 그을 때마다 들리던 사각거리는 소리를 잊지 못한다. 책이 나온다는 기대와 설렘으로 힘든 시간을 견디었다. 부디 재밌게 읽어줬으면 좋겠다. 곧 2권 작업을 시작한다.

2020년 11월 말 사패산 아래에서 정용연

차례

1화 **근친**覲親　　　　　　　　6

2화 **은송심**殷松心　　　　　22

3화 **함숙영**咸淑英　　　　　50

4화 **역**疫　　　　　　　　　70

5화 **신공**身貢　　　　　　　90

6화 **정염**情炎 110

7화 **추노**推奴 142

8화 **서북**西北 164

9화 **봉기**蜂起 196

1화 근친 覲親

시집간 여인이 일 년 중 하루 말미를 얻어

시집과 친정 중간 어드메 경치 좋은 곳에서 친정 엄마를 만나니 이를 '반보기'라 한다.

아이고 이것아~

그사이 얼굴이 반쪽이 됐네.

난 괜찮아 엄마.

아이고 이것아~

엄마.

배고프지? 떡과 과일 싸 왔으니 어여 먹자.

*근친길이 으뜸이고
**화전길이 버금이라.

*근친[覲親] 시집간 딸이 친정에 가서 부모를 봄
**화전길 꽃놀이

마을 어귀 장승도

당산나무 아래 서낭당도

겨울 찬바람을 막아주는 소나무 숲도…

아이고 송심아~
어머니~

시집살이 6년 만에 닷새 말미를 얻어 돌아온 친정집.

두 다리 쭉 뻗고 잔다.

시어머니 눈치 볼 일도 없고

남편 시중들 일도 없고 아이들 뒤치다꺼리할 일도 없다.

음~ 그래. 그간 별고 없었는가?

아재 먼 길 오시느라 고생 많았습니다. 어서 들어오시지요.

봉제사접빈객(奉祭祀接賓客)

시집살이 6년 내내 조상님께 제사를 지내고 찾아오는 손님을 맞느라 마음 놓고 쉬어본 적이 없다.

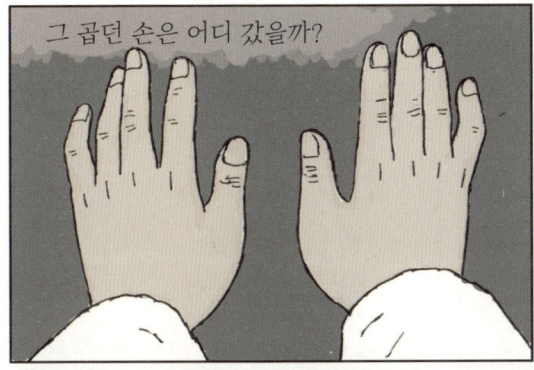

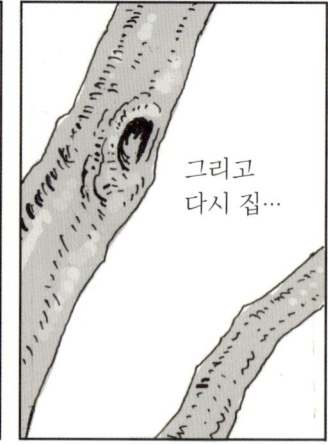

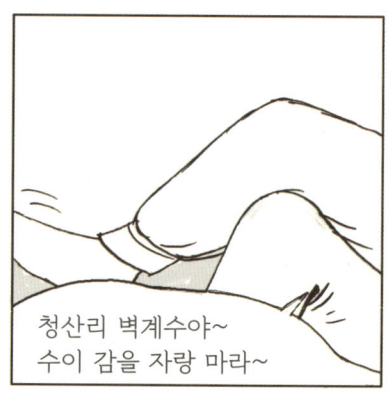

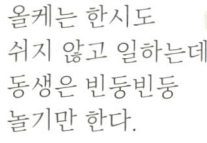

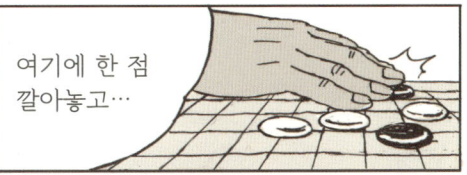

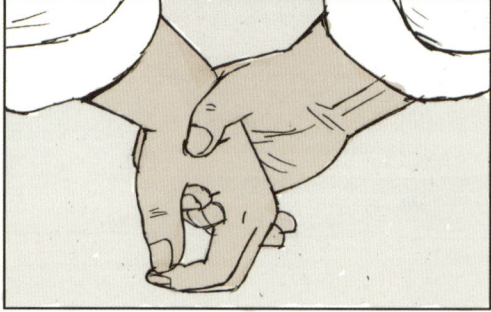

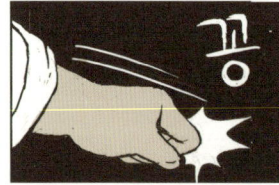
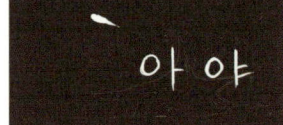

근친길이 으뜸이고
화전길이 버금이라.

추수가 끝나 봄날의 화려함은 없으나
나들이만으로도 설레는 것이
여인의 마음이니…

이런 경치를 두고 왜 한 번도 못 나와봤을까요? 형님.

그나저나 형님 대단해요.

그러게 말야.

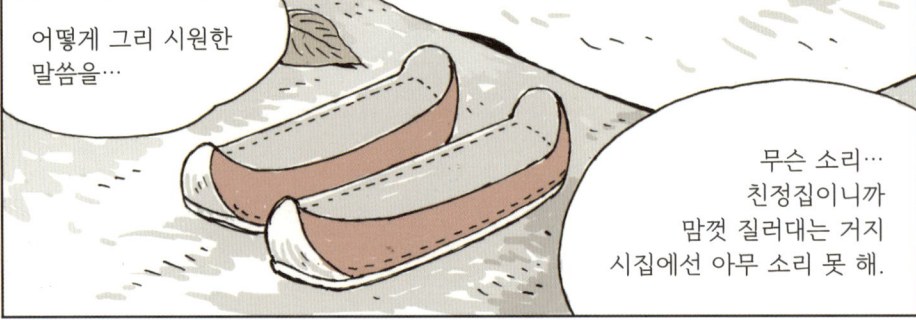

어떻게 그리 시원한 말씀을…

무슨 소리… 친정집이니까 맘껏 질러대는 거지 시집에선 아무 소리 못 해.

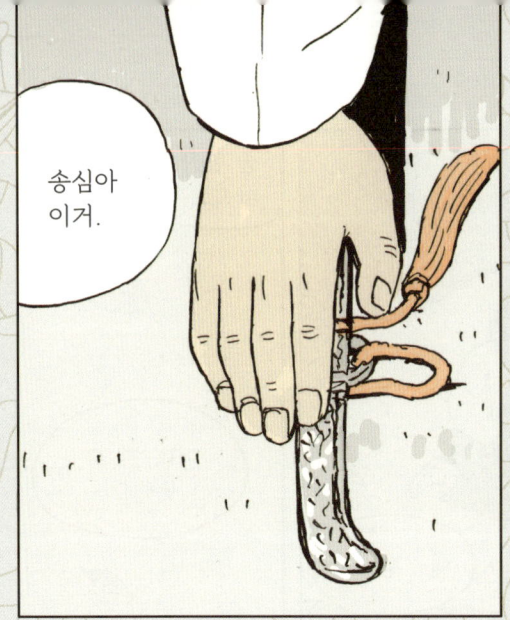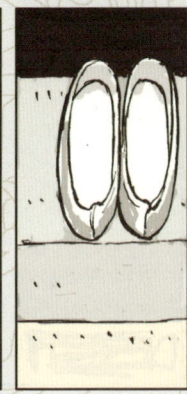

여자가 시집을 가면 그 집 귀신이 된다고 한다.

마님, 간이 맞습니다. 상을 들일까요?

응. 같이 들자꾸나.

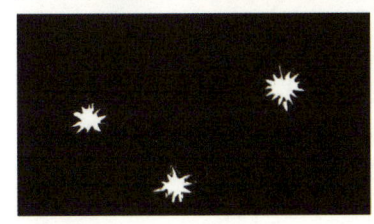

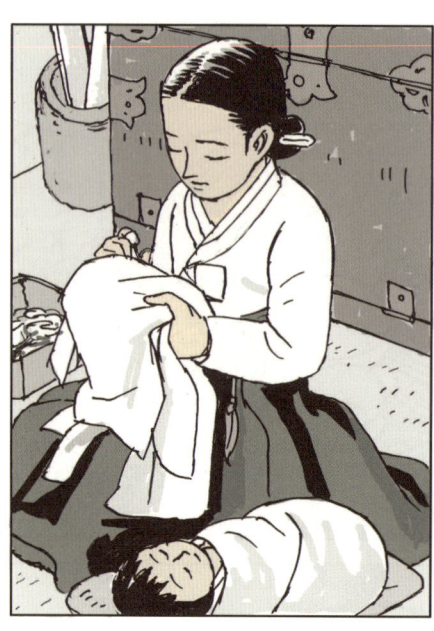

아이를 보고 있으면 이상하게 엄마 생각이 났다.

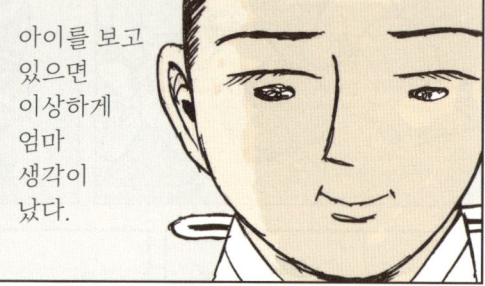

내 이름과 함께.

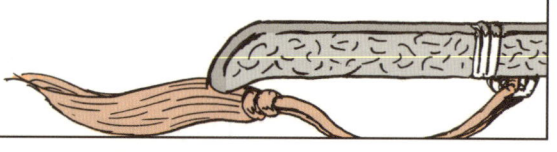

시집와 한 번도 불리지 않은 이름.

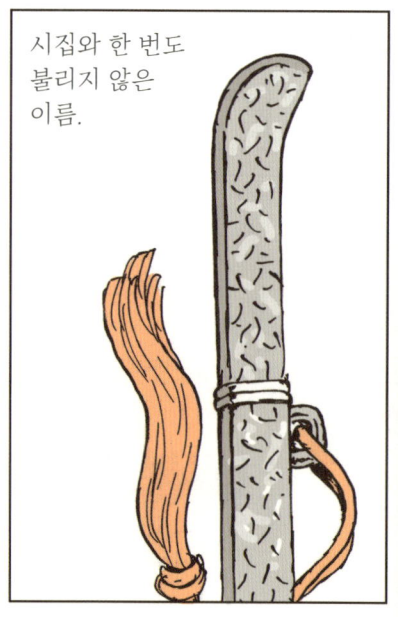

은송심(殷松心).

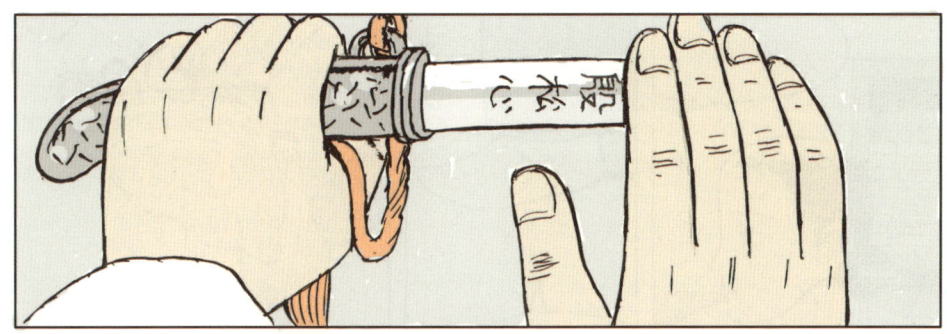

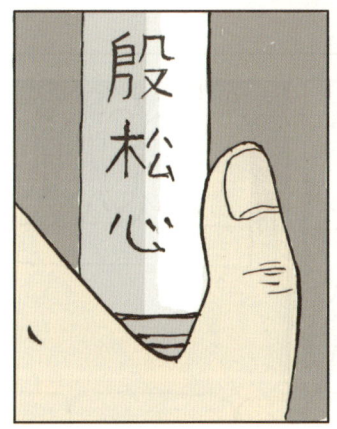

보고 싶다.
우리 엄마…

엄마 무릎을 베고
누워 잠들었으면…

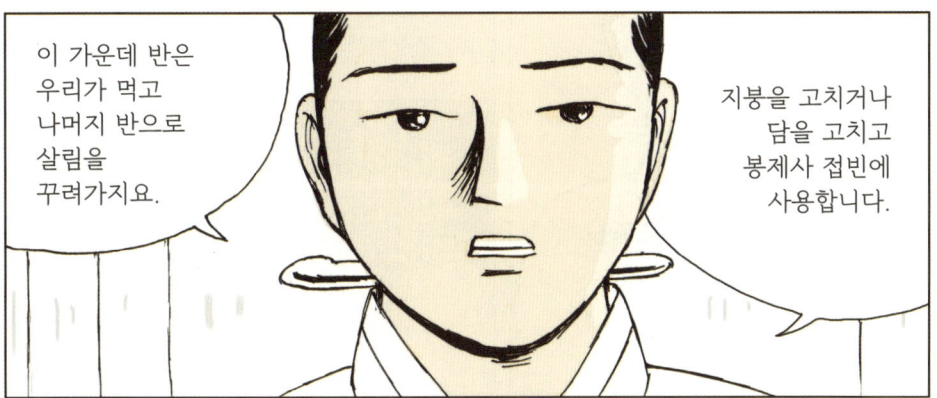

*웃집 외거 노비가 사는 집을 일컫는 황해도 말
**신공[身貢] 노비가 몸으로 치르는 노역 대신에 납부하는 공물
***진서[眞書] 한자나 한문을 높여 이르던 말

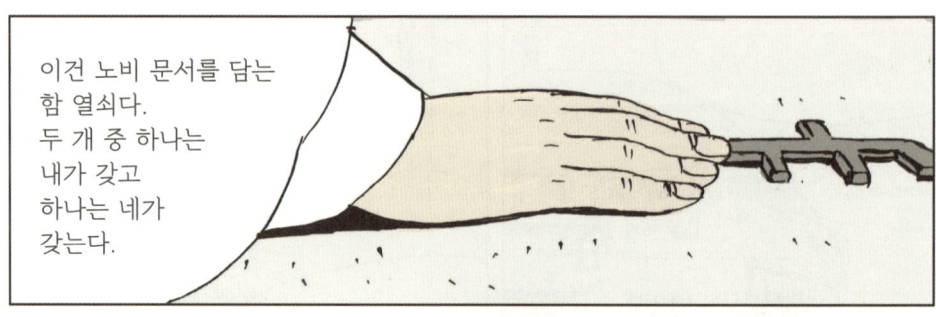

할아버님께서 집을 다 지은 뒤 뜰에 회화나무 한 그루를 심었는데 바로 이 나무다.

달걀 모양의 이파리에 콩깍지 같은 열매 그리고 하얗게 피어나는 꽃.

바라볼수록 기품이 넘친다.

공자님께서 이 나무 아래에서 제자들을 가르쳤다 하여 학자수로 불리기도 한다.

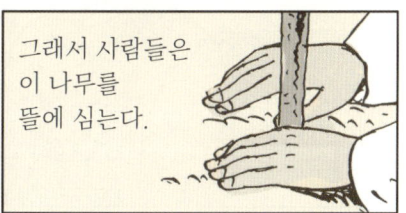
그래서 사람들은 이 나무를 뜰에 심는다.

자녀들이 공부를 잘하여 과거에 합격하길 바라는 마음에서다.

하지만 바람은 늘 배반당하기 마련.

7대조 할아버님께서 종이품인 호조 참판까지 올라 가선대부를 제수받았으나

이후론 벼슬길이 막혀 입조하는 이가 없었다.

그렇게 100년…

증조할아버님께서 나이 육십에 종구품 참봉 벼슬을 제수받았다.

하여 겨우 양반 체면을 유지할 수 있었다.

제발 한 번만…

고얀 것들…

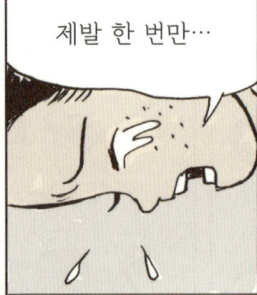

그럴 때마다 죄 없는 어린 종 섭이가 바짝 엎드려 빌었다.

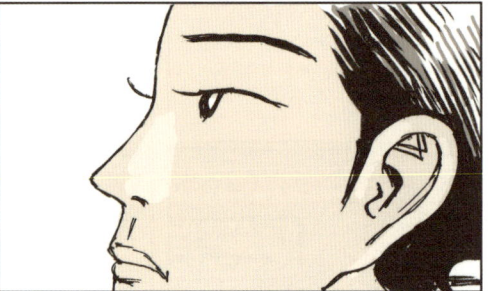

어린 종이 당하는 걸 보면 마음이 좋지 않으나 할 수 없었다.

아마도 부뚜막에서 한참을 쭈그려 앉아 운 뒤 제 방으로 들어갔을 것이다.

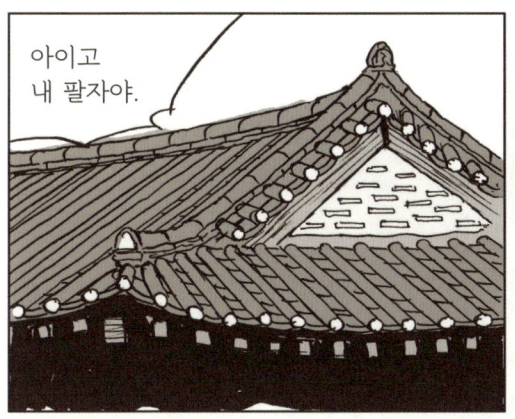

아이고 내 팔자야.

그놈의 늙은이. 젊을 땐 계집질로 속을 그리 썩이더니! 이젠 병 수발을 드느라 사지가 남아나질 않네.

그럼에도 어머님께는 늘 집안을 일으켜야 한다는 생각이 가득 차 있었다.

3대에 걸쳐 가문에 벼슬하는 이가 나오지 않으면 평민과 다름없이 되는바, 가문의 명운이 네 남편에 달려 있구나.

다행히 네 남편은 글공부를 좋아해 해주 향시에서 연이어 장원을 하였다. 하지만 향시로 되겠느냐.

마땅히 대과에 합격하여 어사화를 꽂고 금의환향해 조상님들께 고하여야지.

어머님께선 남편을 통해 이루지 못한 소망을 이루고자 하셨다.

어머님을 뵙고 나와
회화나무를 돌아본 뒤

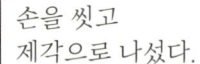

손을 씻고
제각으로 나섰다.

집 안 가장 위쪽에
있는 한 칸짜리
건물로 조상들의
신위를 모시는
곳이다.

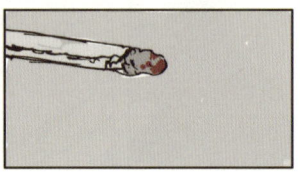

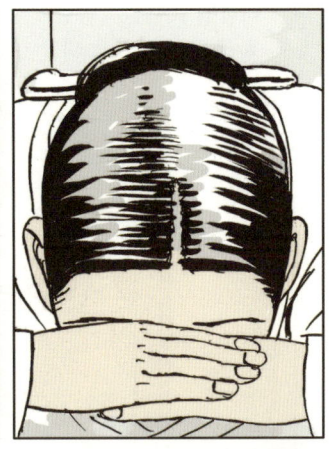

조상님께 비옵니다.

부디 남편을 굽어살펴 주시옵소서.

강고왈극명덕
康誥曰克明德

태갑왈고시천지명명
太甲曰顧諟天之明命

제전왈극명준덕개자명야
帝典曰克明峻德皆自明也

강고에서는 능히 덕을 밝힌다 하였고

태갑에서는 이 하늘의 밝은 명을 돌아본다고 하였으며 제전에서는 능히 큰 덕을 밝힌다고 하였다.

대과에 합격하지 못하면 어머님께서 틀림없이 제 탓을 하실 것입니다.

이번에는 꼭 합격 하시어요.

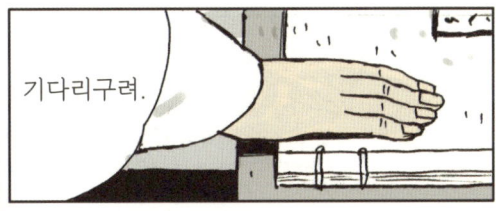

*숙부인[淑夫人] 정삼품 당상관의 아내에게 주던 봉작

네 이년.

……

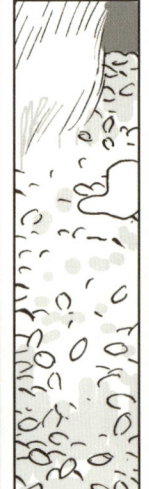
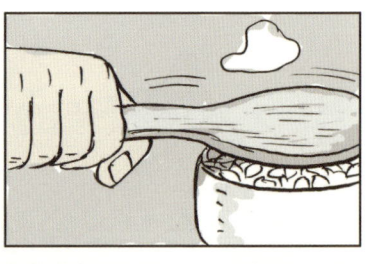

계집아이가 아무리 예쁘면 뭘 해.

신랑관세우남신부
수모진수세우신랑
新郎盥洗于南新婦
手姆進授帨
于新郎

신랑이 대야에
손을 씻으시고

신부 측에선
수건을 내어
드리겠습니다.

신부선재배 新婦先再拜

신부가 먼저 절을 두 번 하겠습니다.

신랑 신부가
손을 씻고 나면
초례상 앞에 맞절을 한다.

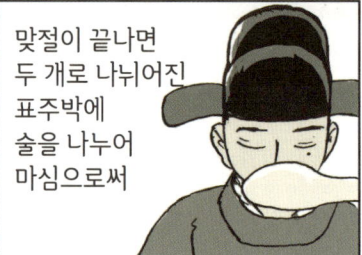

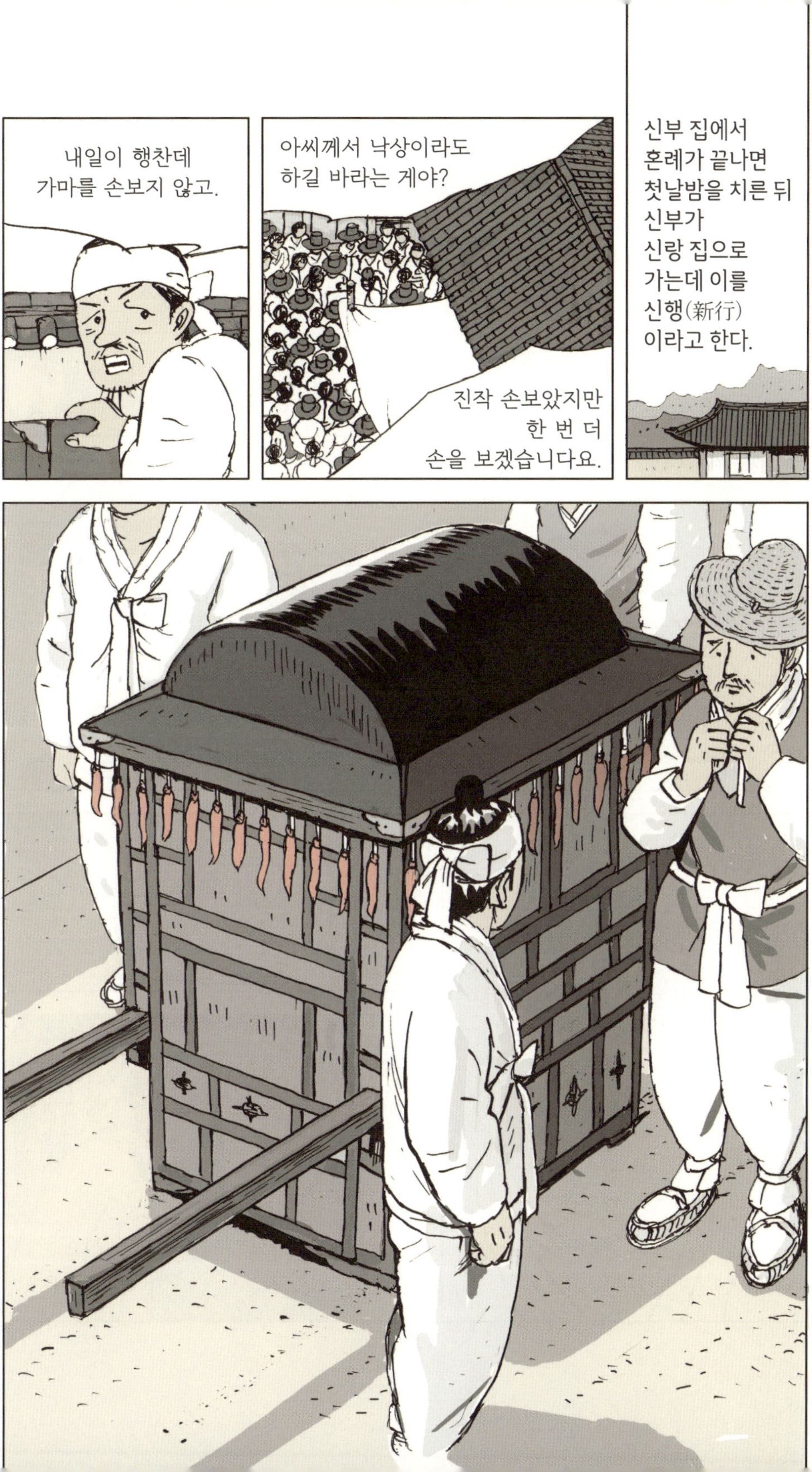

내일이 행찬데 가마를 손보지 않고.

아씨께서 낙상이라도 하길 바라는 게야?

진작 손보았지만 한 번 더 손을 보겠습니다요.

신부 집에서 혼례가 끝나면 첫날밤을 치른 뒤 신부가 신랑 집으로 가는데 이를 신행(新行)이라고 한다.

3화 함숙영

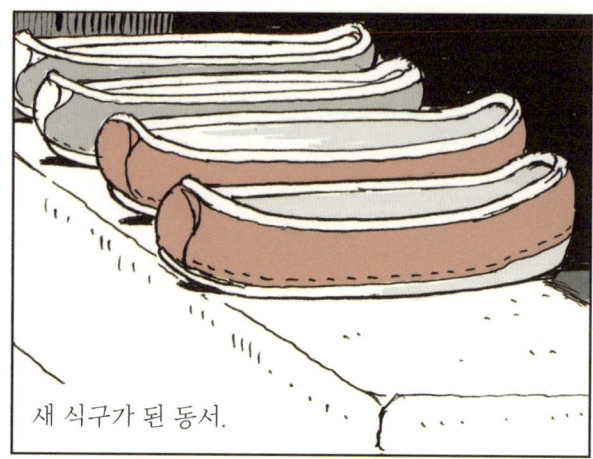

새 식구가 된 동서.

여기 평산 아래고을 백천 함교리 댁 딸로 이름은 함숙영이다.

눈부시게 하얀 살결에 고른 잇속,

삼단 같은 머리카락과 하얀 목덜미, 적당한 귓불.

삼회장 저고리에 비단 치마가 잘 어울렸다.

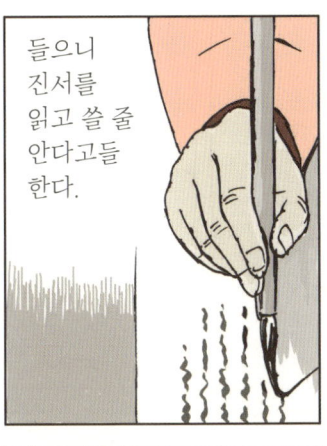

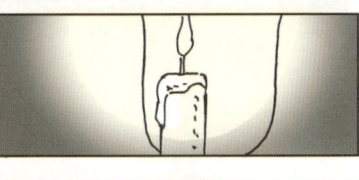
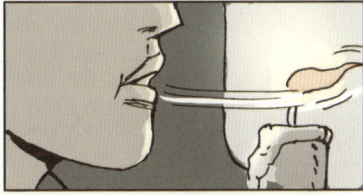

부엉
부엉

오늘따라
달도 밝구나.

윽.

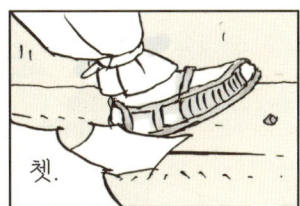

막새 네놈은 왜 똥 씹은 얼굴이냐?

행여 섭이랑 살림이라도 살게 해줄 줄 알았더냐?

에잇.

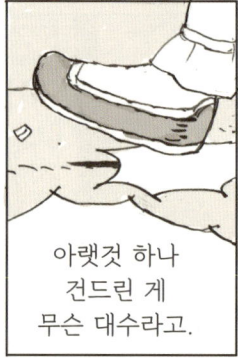

아랫것 하나 건드린 게 무슨 대수라고.

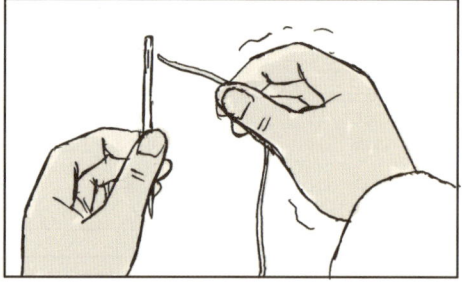

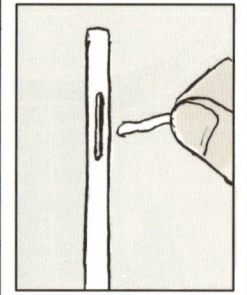

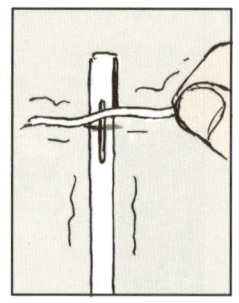

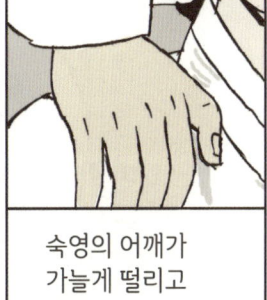

섭이가 삼식이와 살림을 살러 나간 뒤론 가까이 사는 윗집 아낙들이 돌아가며 섭이가 하던 일을 대신 하였다.

경용은 혼자 몸으로
과거 길에 오르려 했으나
어머니는 행여 무슨 일이 있을까 싶어
신공을 바치는 사내종 하나를 골라
모시게 하였다.

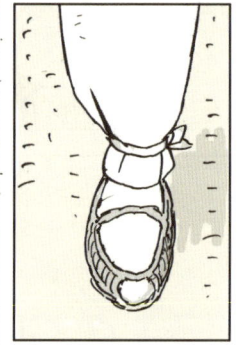

*톺아보다 샅샅이 훑어가며 살피다

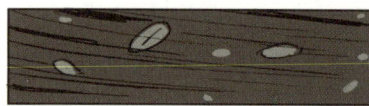

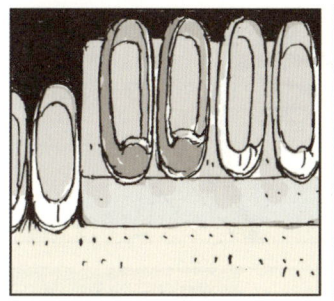
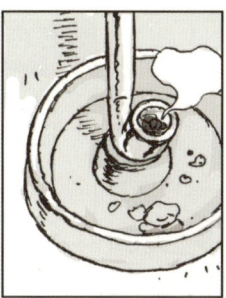

너무 상심 말거라.

네 나이 스물여섯.
서른 줄에 과거에 합격하는
이들이 가장 많지 않더냐.
마음 다잡아 먹고 다시
시작하면 되는 게야.

예, 어머니.
명심하겠습니다.

돌아오는 길에 역병으로 쓰러진 사람을 여럿 보았습니다.

아이고— 아이고— 아이고— 아이고—

곡소리도 들었는데 역병으로 죽은 사람이지 싶었습니다.

그런데 의용이 너 아까부터 안색이 안 좋구나. 어디 아픈 게야?

저… 몸이…

어제부터 가슴이 답답하고 열이 납니다.

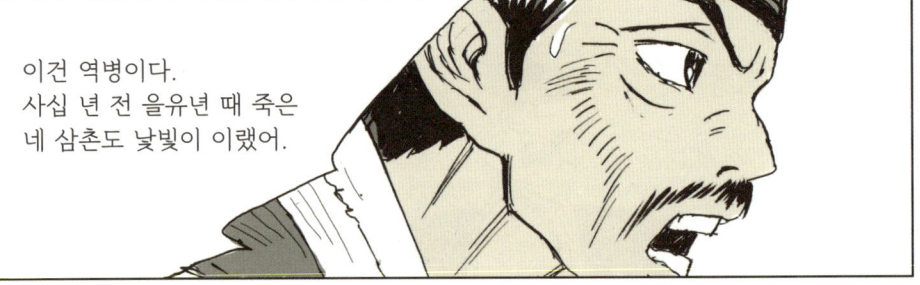

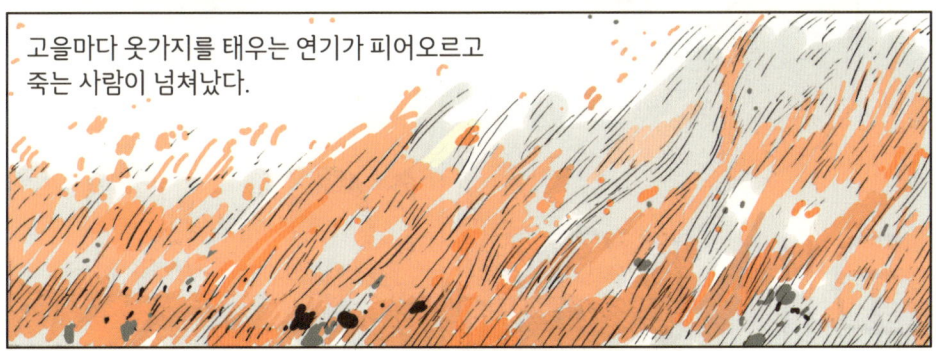

역병은 사람을 가리지 않았다.

지체 높은 사대부에서 천한 몸종까지 함께 쓰러뜨렸다.

의용도 바닥에 쓰러져 몸을 뉘었다.

물렀거라 못된 마마신 당장 나가시오~

어머니는 병을 물리치고자 무당을 불러들여 굿을 하였다.

비나이다 비나이다. 못된 귀신 물리쳐주십시오.

하지만 의용의 병은 더욱 깊어갔다.

으…

으…

하늘 같은 서방님이 이리도 괴로운데 넌 뭘 하고 있는 거야?

내가 죽으니까 좋아?

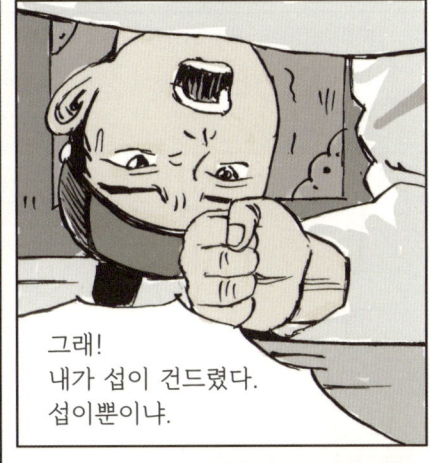
그래! 내가 섭이 건드렸다. 섭이뿐이냐.

버드내 박씨 딸도 내가 건드렸다. 왜냐면 쥐새끼처럼 우리 나락을 훔쳤거든.

모두들 내가 건드리면 완강하게 저항하지. 무슨 열녀라도 되는 양.

그래, 바로 그 맛이야. 힘으로 제압해 무너뜨리는 맛. 언제라도 할 수 있는 마누라한테는 절대 느낄 수 없는 맛.

크ㅎㅎㅎㅎ…

시간이 지나며 역병이 잦아들었으나 의용은 몸을 회복하지 못하고 생을 마감했다.

아이고 아이고… 내 자식. 한 점 혈육도 남기지 못하고 가는구나.

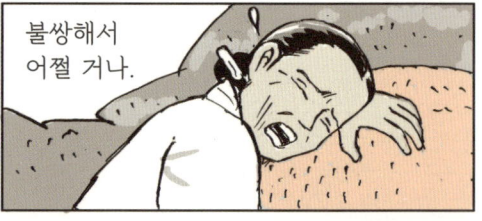

불쌍해서 어쩔 거나.

데려가려거든 이 늙은 에미를 데려갈 것이지 왜 앞길이 구만리 같은 내 자식을 데려간단 말이냐.

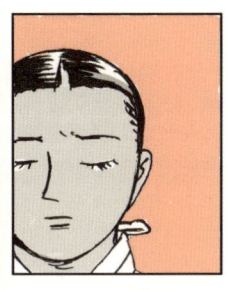

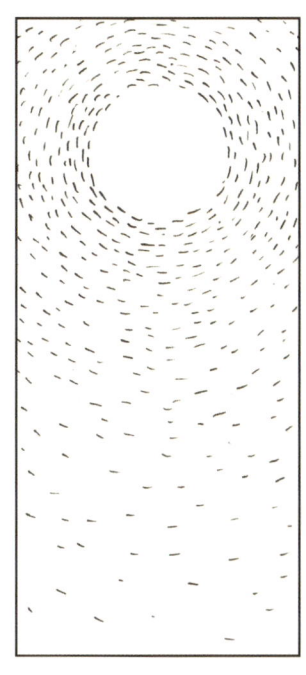

부자가 곳간을 여는 것은 너그러워서만은 아닙니다.

때론 자신의 재산을 지키기 위해서라도 곳간을 열어야 해요.

굶주린 이들은 언제 폭도로 변해 내가 가지고 있는 것들을 빼앗으려 들지 모르니까요.

아랫사람에게 너그럽되 윗사람으로서 위엄을 잃지 않는 것.
이것이 바로 사대부가 지녀야 할 가장 큰 덕목입니다.

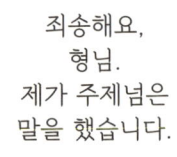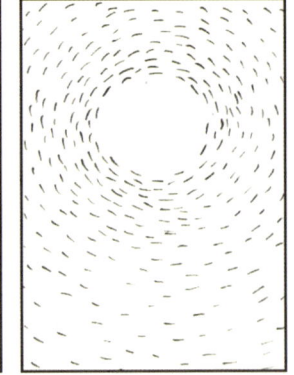

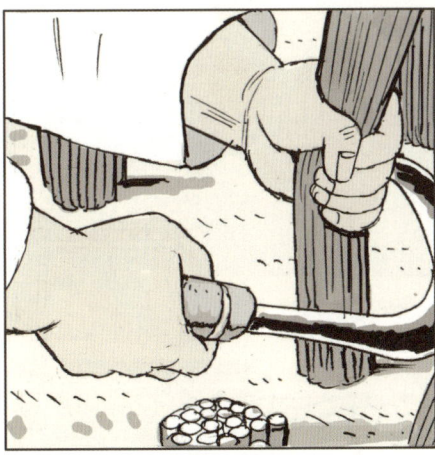

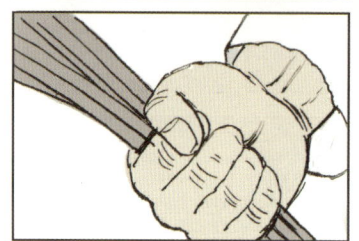

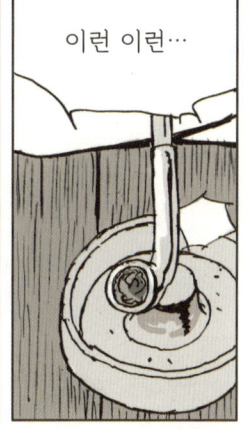

이럴 때 경용이가 있었음 좋으련만…
몸이 이러니 갈수록 아랫것들을
부리기가 힘에 부치는구나.
그렇다고 아녀자들에게 이 일을 맡길 순 없는 노릇이고.

한 놈은
공부하느라 집안일은 뒷전이고
한 놈은 죽고…
늙어 이 무슨 고생인가.

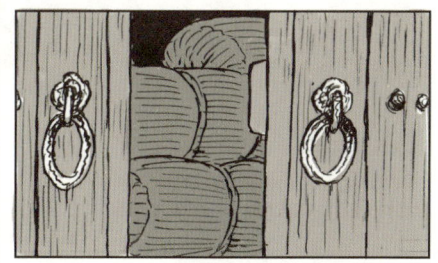

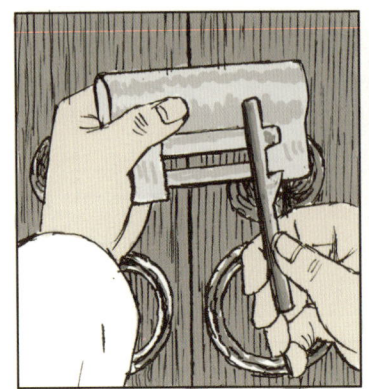

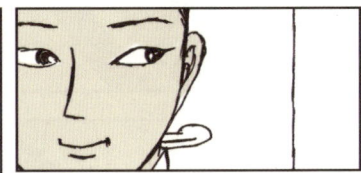

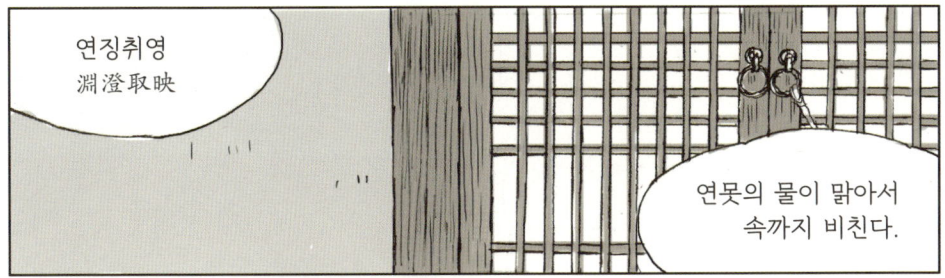

愼終宜令
신종의령

마무리를 삼가서
마땅히 좋게 하라.

틈나는 대로 아무도 가르쳐주지 않던 진서를 동서에게 배운다.

언문을 처음 깨쳤을 때처럼 한 자 한 자 알아갈 때마다 느껴지는 벅찬 희열…

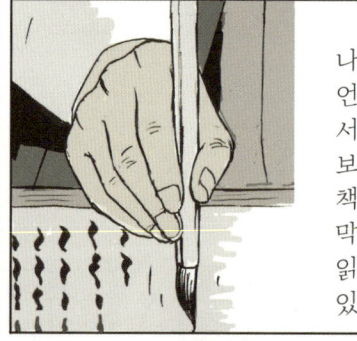

나도 언젠가는 서방님이 보시는 책들을 막힘없이 읽을 수 있을까?

엄마 뭐 해?

응. 글공부.

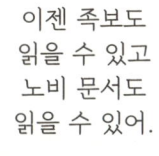

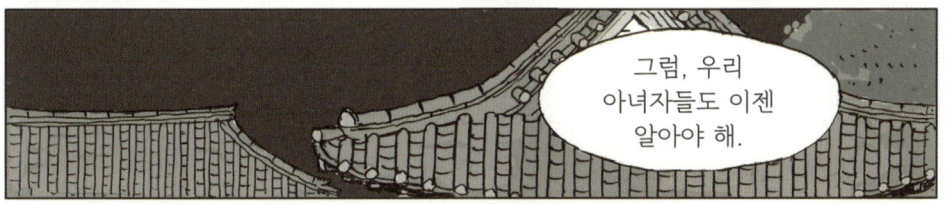

며느리들의 청이 있은 지 얼마 지나지 않아
시부모님은 심경의 변화를 일으켜
종들의 신공을 감해주었다.

이에 종들은 대문 밖으로 찾아와 엎드려 절을 하였다.

고맙습니다요.

덕분에 내년 농사에 쓸 종자를 남길 수 있게 되었습니다요.

소문은 삼십 리 밖까지 퍼져 우지말 김초시 댁도 하랭이 최참봉 댁도 종들에게 신공을 감해주었다고 한다.

소식을 들은 경용도 인편을 통해 아버지에게 잘한 결정이란 말을 전했다.

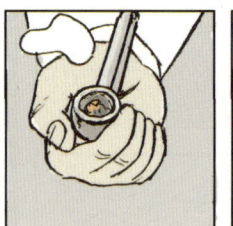

모름지기 윗사람이 아랫사람을 긍휼히 여기는 마음이 있어야 덕화로 세상을 아름답게 한다고 했다.

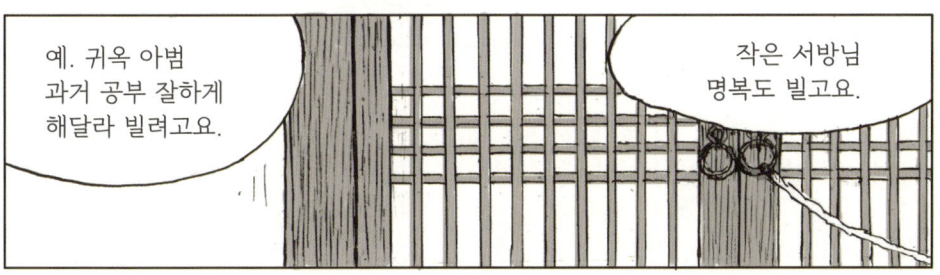

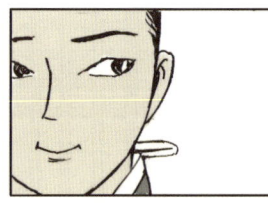

6화 정염 情炎

추수가 끝난 들판으로
배고픈 아이들이
떨어진 벼 이삭을
주우러 나왔다.

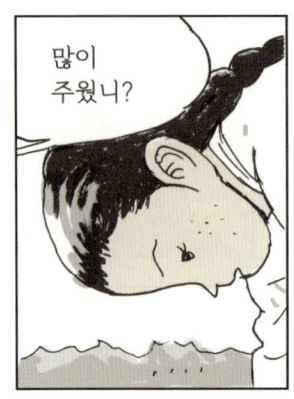

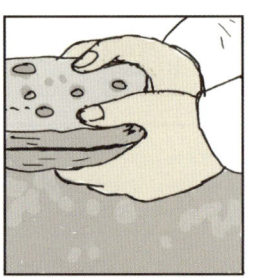

그뿐만 아니라
산 아래 영험하기로 소문이 난
쌍미륵부처가 있어
고을 사람들의 발길이
끊이지 않았다.

좋네요. 가슴이 뻥 뚫리는 것 같아요.

그러게.

동서, 시 하나 읊어보지.

그럴까요.

〈대비백두옹 代悲白頭翁〉

당나라 사람 유희이가 지은 시입니다.

낙양성동도리화
洛陽城東桃李花

낙양성 동쪽 복숭아꽃
오얏꽃은

비래비거
낙수가
飛來飛去
落誰家

날아오고
날아가서
누구 집에
떨어지나

백발을 슬퍼하는
노인을 대신하여란 뜻이죠.
아버님이 좋아하시는 시라
따라 외웠습니다.

낙양여아석안색
洛陽女兒惜顔色

낙양의 아가씨는
얼굴빛이 아까워

행봉낙화장탄식
行逢落花長歎息

우두커니 지는 꽃에
길게 한숨짓는다

금년화락안색개
今年花落顔色改

올해도 꽃이 지면
얼굴빛이 변하리니

명년화개부수재
明年花開復誰在

내년에 꽃필 때
누가 다시 있으리

이견송백최위신
已見松柏摧爲薪

소나무 잣나무가 장작 됨을 보았고

갱문상전변성해
更聞桑田變成海

뽕밭이 변하여 바다 됨을 들었네

고인무부낙성동
古人無復洛城東

옛사람은 성 동쪽에 다시 없는데

금인환대낙화풍
今人還對落花風

지금 사람 꽃보라 속에 다시 서 있네

연년세세화상사年年歲歲花相似

해마다 피는 꽃은 그대로인데

세세연년인부동
歲歲年年人不同

해마다
사람 얼굴
같지 않구나

기언전성홍안자寄言全盛紅顔子

들어라 한창 나이 젊은이들아

응련반사백두옹
應憐半死白頭翁

얼마 못 살 늙은이를 가엾어하라

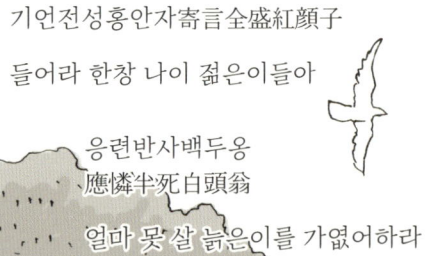

차옹백두진가련
此翁白頭眞可憐

노인의 흰머리가 가련하지만

이석홍안미소년
伊昔紅顏美少年

그도 지난날엔
홍안의 미소년

공자왕손방수하
公子王孫芳樹下

귀한 이들 더불어
꽃나무 아래 놀고

청가묘무낙화전
淸歌妙舞落花前

맑은 노래 멋진 춤을
꽃보라 속에 즐겼지

광록지대개금수
光祿池臺開錦繡

광록대부 연못가
누대에서 비단 자수를
펼쳐 놓고

장군누각화신선
將軍樓閣畵神仙

화려한 저택에서
호강도 하였네

일조와병무상식
一朝臥病無相識

하루아침 병드니
찾아오는 사람 없고

삼춘행락재수변
三春行樂在誰邊

봄날의 즐김은
누구에게 가버렸나

완전아미능기시
宛轉蛾眉能幾時

고운 눈썹 아가씨야
언제까지 고우려나

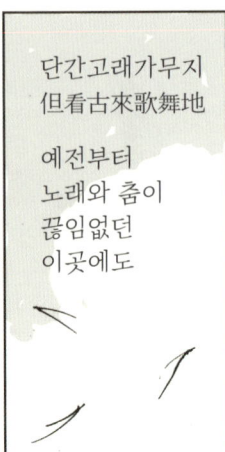

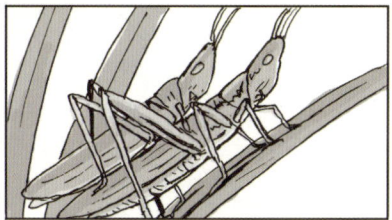

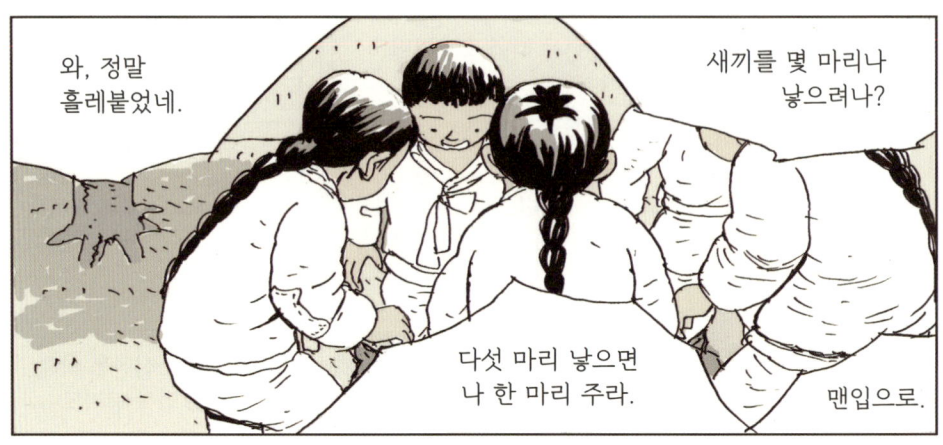

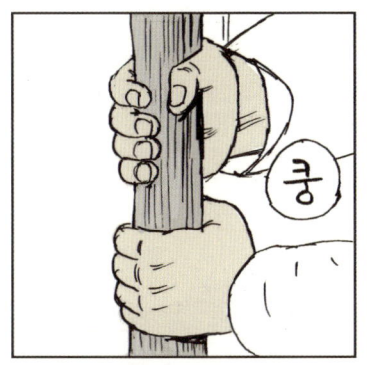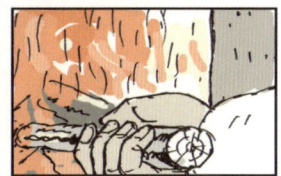

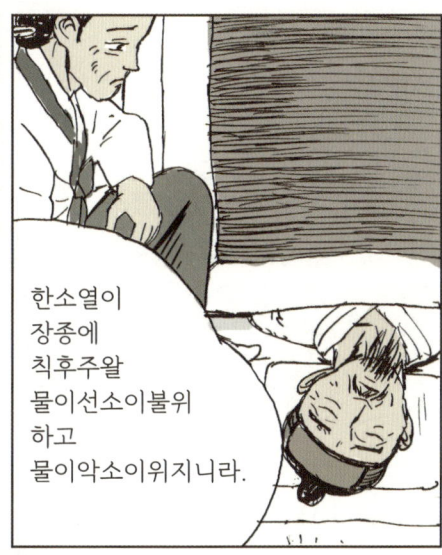

장자왈

일일불념선이면

제악이 개자기니라.
장자가 말하기를 하루라도
착한 것을 생각하지 않으면
모든 악한 것이

절로 일어난다 하였다.
태공왈 견선여갈하고 문악여롱하라.
태공이 말하기를 착한 것을 보거든…

해가 바뀌고
회화나무에
싹이 날 무렵
송심은
노비 문서를
읽을 수 있었다.

이름은 군돌이라

정미 2월생이다.
코에 큰 점이 있다.

처의 이름은 개똥이로
신묘 10월생이다. 키가 크다.
자식은 첫째가 사내이며

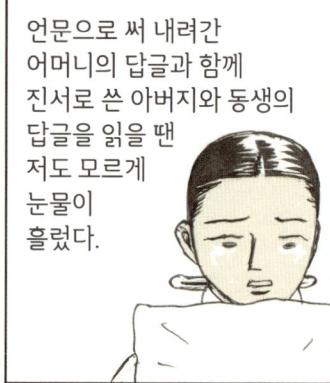

*해주반[海州盤] 황해도 해주 지방에서 만든 밥상

뽕나무밭에서 둘이 벌이는
수작을 지켜보다 어느새
바지춤으로 손을 내리고
마는 것이었다.

아~

행년아.

아~

선달님.

기나긴 접문이 끝난 뒤
김선달은 행년이의
옷고름을 풀었다.
드러난 몸이 달빛을 받아
더욱 하얗게 빛났다.
보고 싶었다.
저도 그리웠습니다.
선달님…

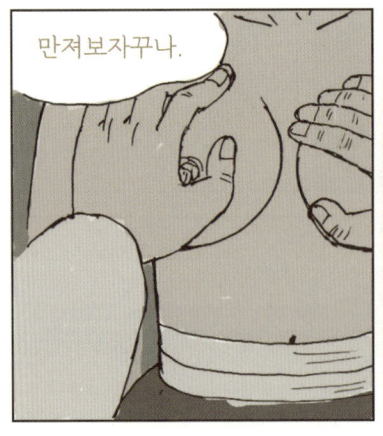

만져보자꾸나.

아~ 너무
좋습니다.

오늘 너를 보았으니
죽어도 여한이 없지만은
어찌 한 줌
미련이 없겠느냐.

동서는 친정에서 오라비가 읽던 소설을 몰래 꺼내 읽었는데 그것이 음란 소설이었다고 했다.

아마도 과거 보러 한양으로 갔다 돌아오는 길에 책쾌한테 샀을 것이다.

《정감록》을 읽은 것도 오라비를 통해서였다지?

새로운 세상을 운운하며 왕조를 뒤엎겠다는 흉악무도한 내용의 《정감록》과 음란 소설,

그리고

《논어》,《맹자》,《대학》 같은 성현의 말씀이 담긴 책들…

어울리지 않는 이들의 조합이 동서와 묘하게 닮았다는 생각을 하였다.

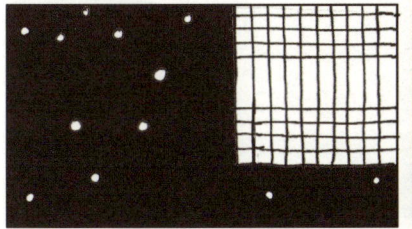

어쨌든 분명한 것은 무언가를 쓰지 않으면 동서는 미쳤을지도 모른다는 것이다.

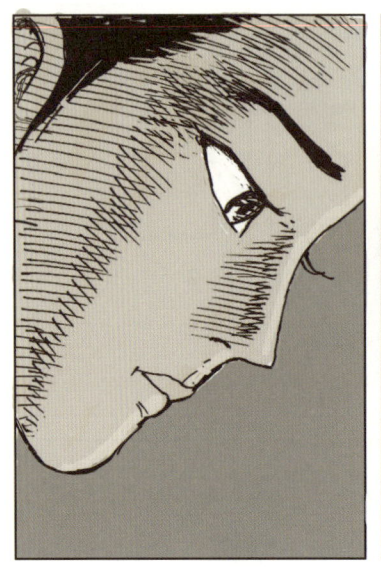

"오늘은 얼만큼 썼어?"

"많이 못 썼어요."

"어디 보자. 오늘도 홀아비는 끓어오르는 욕정을 참지 못하여"

"찾는 것이 죽부인이었다. 하지만 그것도 한두 번이지…"

"끝내 찾게 된 것은 여인의…"

"혹시나 하였던 마음인데 오늘도 김선달과 행년이는 서로의 몸을 탐하고 있는 것 아닌가!"

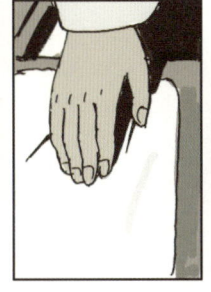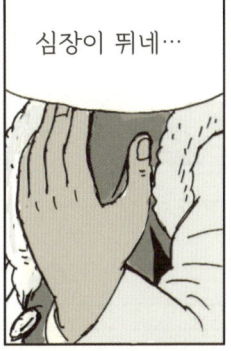

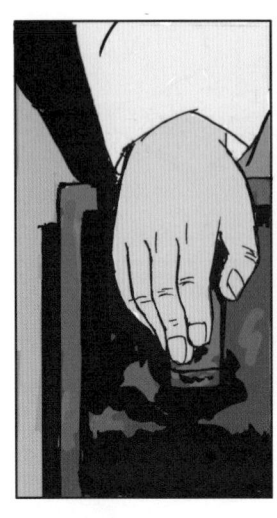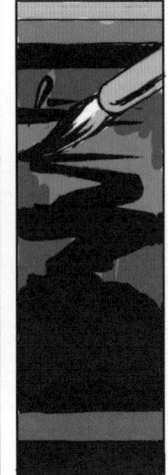

송심은 숙영의 소설을 읽다가 모처럼 붓을 들었다.

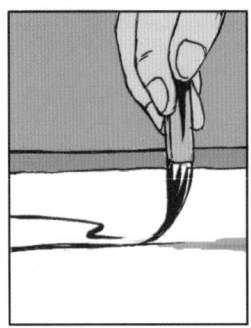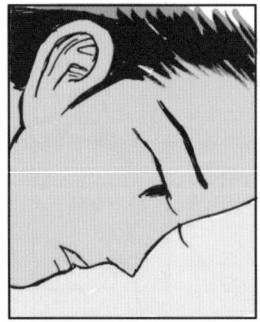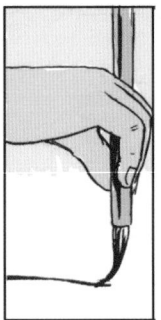

마음 가는 대로 붓을 놀리니

남녀가 교접하는 그림이었다.

세상에나 내가 무슨 짓을.

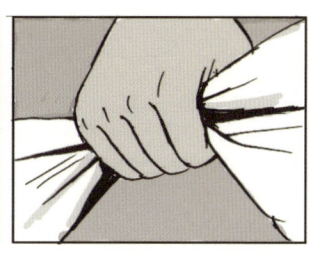

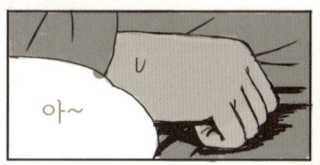

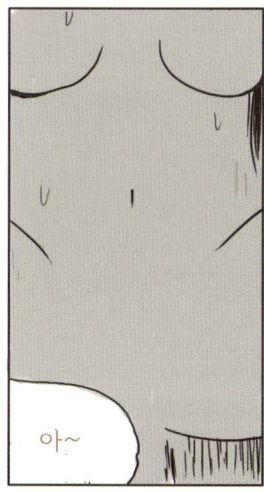

어느 날 송심은 꿈을 꾸었다.

뜰 안 회화나무 뒤에서 숙영이 웃고 있는 꿈이었다.

형님 이리 오시어요.

미륵 부처님께 기도드리러 가야지요.

동서 잠깐만, 귀옥이 옷 좀 입히고.

귀옥아, 숙모랑 미륵부처님 뵈러 가자.

와 정말?

신난다.

영험하시기로 소문이 자자하니 아빠 과거 시험에도 합격하게 해주시고 대를 이을 남동생도 생기게 해주실 거야.

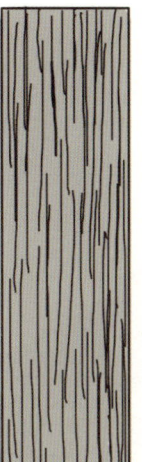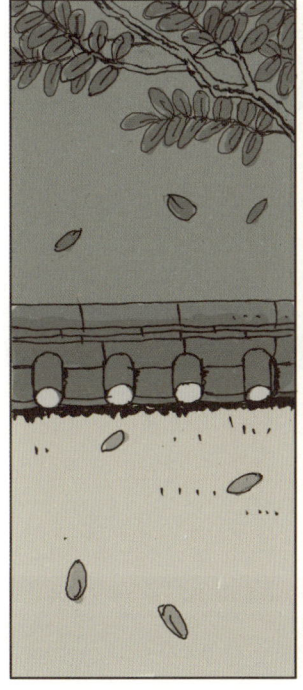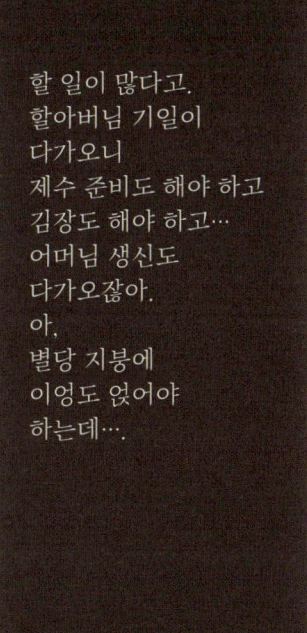

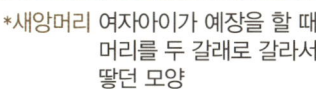

족보에서 그 아이 이름 석 자를 파냈다오.

죽은 자식이라 생각하고 있소이다.

집안을 이리 수치스럽게 할 거면 태어나지도 말았어야지.

사대부가의 아녀자에게 재가란 있을 수 없는 일인데 하물며 종놈과 눈이 맞아 달아났음에야.

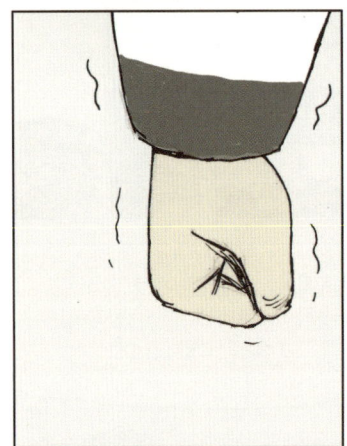

덜컥

7화 추노

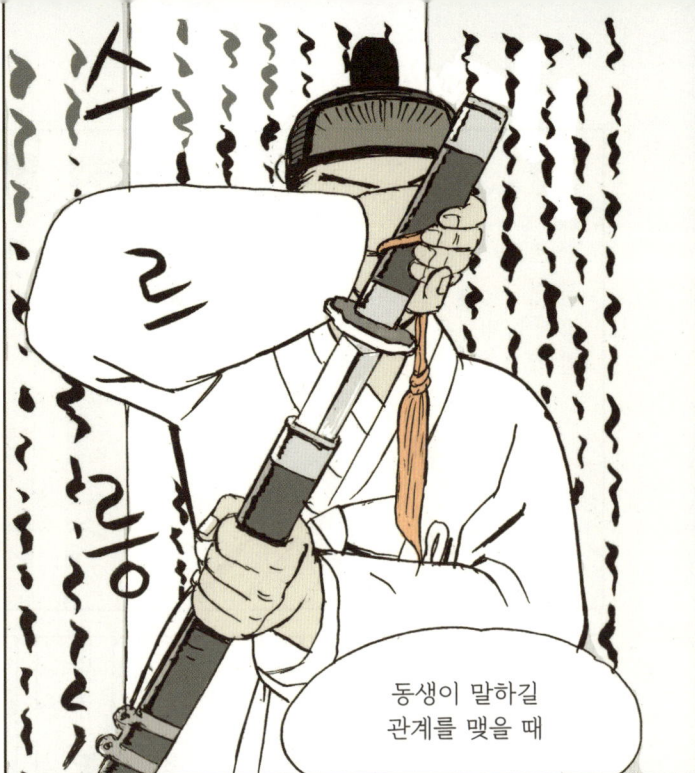

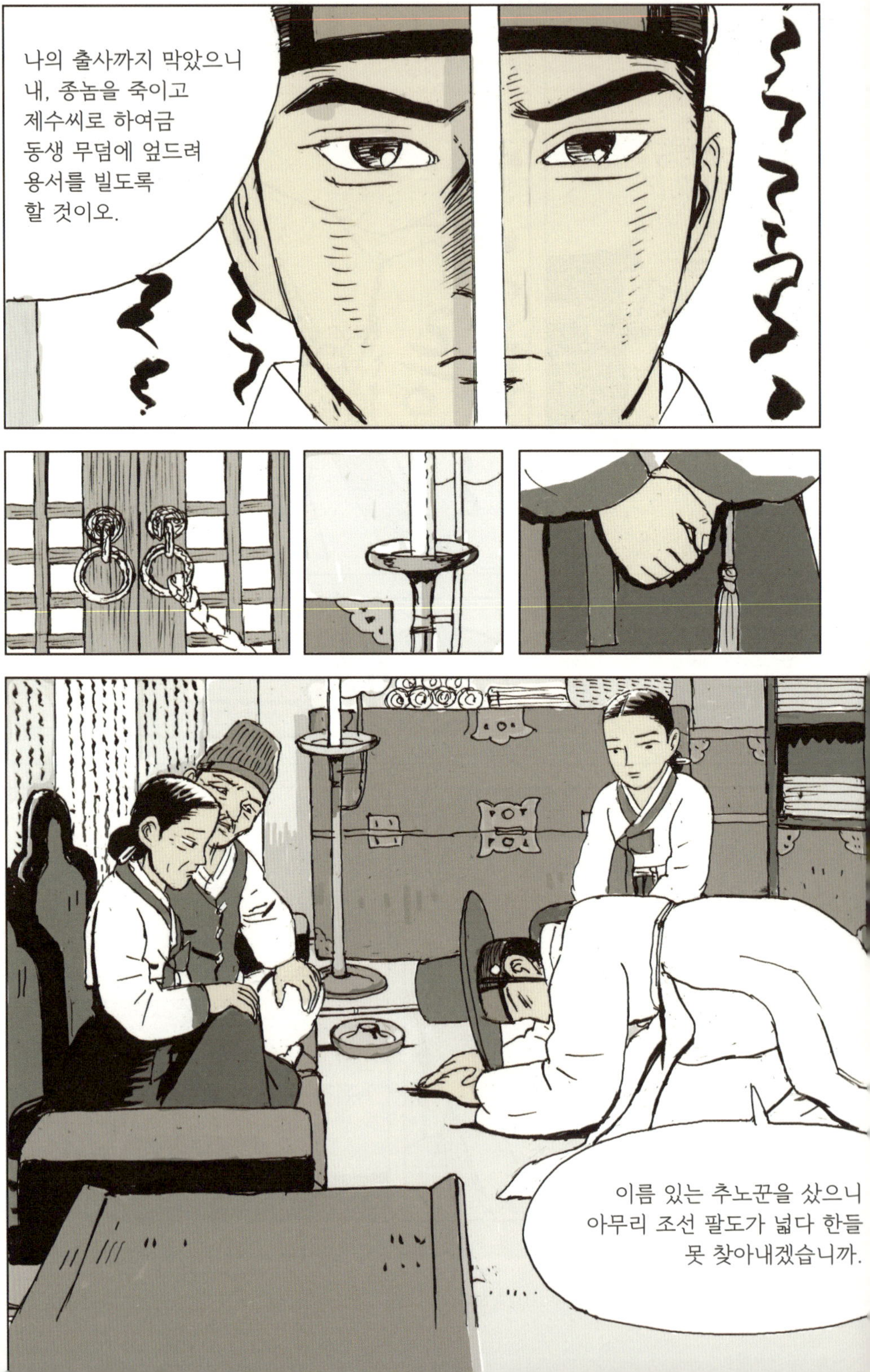

나의 출사까지 막았으니 내, 종놈을 죽이고 제수씨로 하여금 동생 무덤에 엎드려 용서를 빌도록 할 것이오.

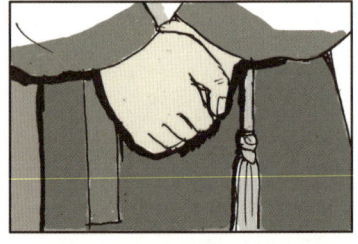

이름 있는 추노꾼을 샀으니 아무리 조선 팔도가 넓다 한들 못 찾아내겠습니까.

아빠…

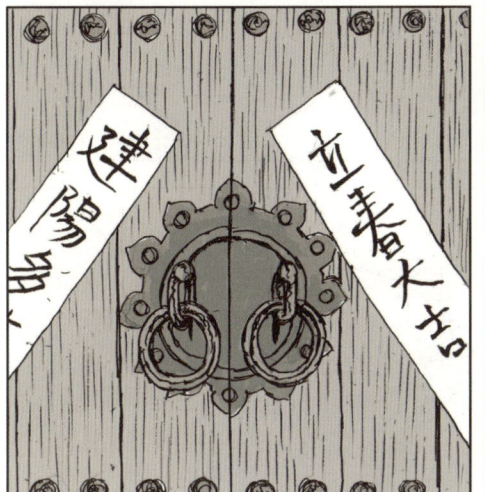

마님, 간이 맞는지 봐주십시오.

아. 그래.

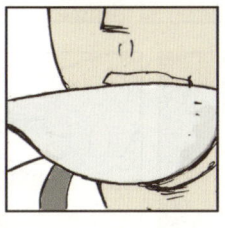

좀 심심하구나. 소금을 한 숟갈 더 넣으려무나.

네.

동서가 사라진 뒤 섭이가 사흘 건너 하루씩 집안일을 도왔다.

어머님께서 작은 며느리 눈치를 보느라 감히 들이지 못하다 동서가 사라지자 들인 것이다.

아마도 당신 아드님의 씨를 키우고 있기에 알게 모르게 마음을 쓰시는 것 같았다.

어젠가는 아이에게 먹이고 입히라며 섭이에게 열 냥을 주기도 하였다.

불효막심한 놈 같으니라고.

어찌 에미에게 자식 제사를 지내게 한단 말인가.

섭이는 천생 종이었다.

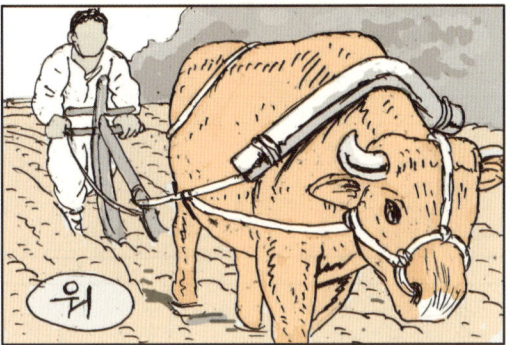
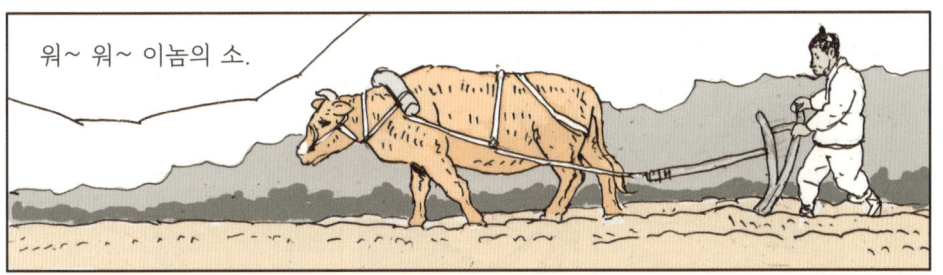
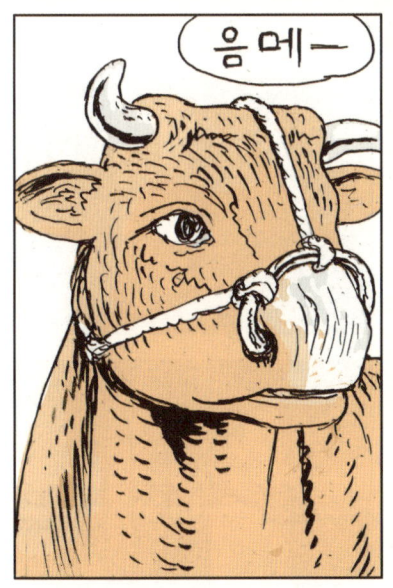
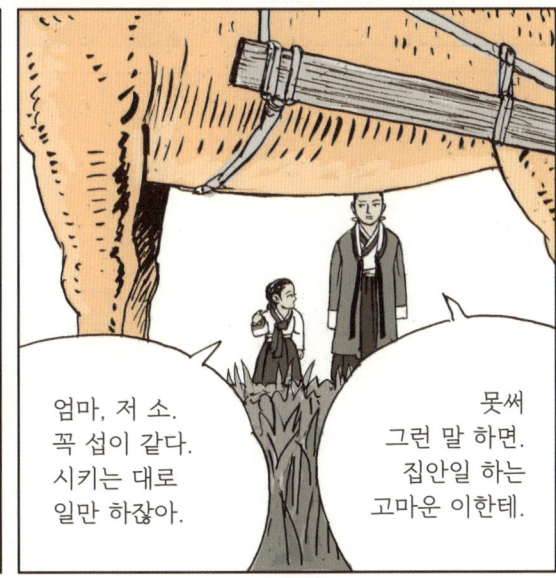

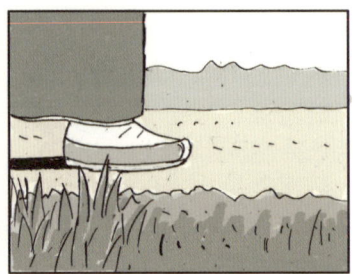

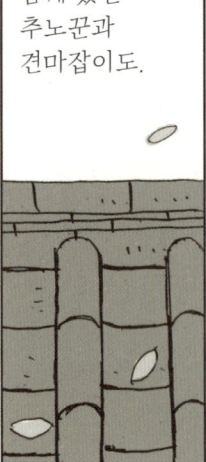

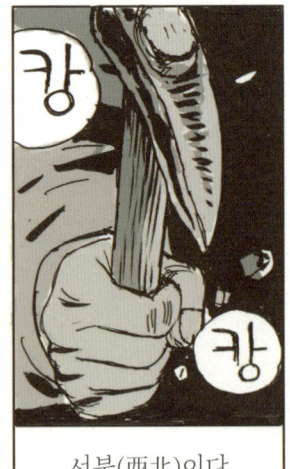

도망자 가운데 열에 아홉은
그리로 간다고
한다.

남편도
필히
그리로 갔을
것이다.

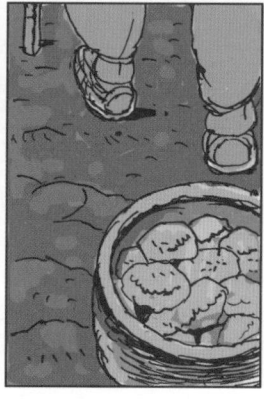

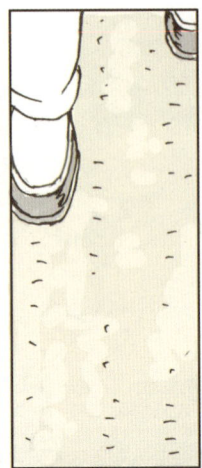

과연 남편을 만날 수 있을까?

남편이 뒤쫓던 숙영과 씻개는?

송심은 문득 남편과 첫날밤 아릿한 통증이 되살아나는 것을 느꼈다.

평안도는 차별의 땅이다.

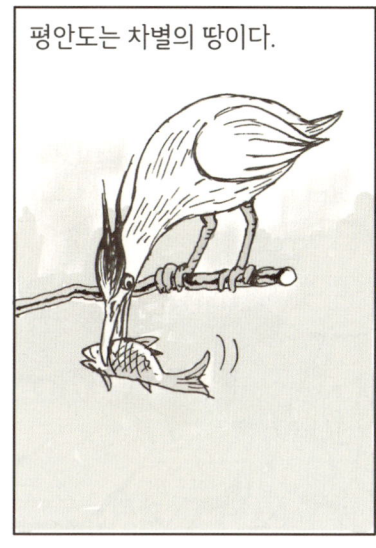

숙종 때 사람 이중환이 《택리지》에 "평안과 함경 두 도에서는 300년 이래로 높은 벼슬을 한 사람이 없다.

혹 과거에 오른 자가 있다 하여도 벼슬이 수령 정도였고 가끔 대간과 시종 망단자에 오른 이가 있었으나 역시 드물었다" 고 하였다.

박천군.

청천강과 대령강 사이에 자리 잡은 고을로 예로부터 상업이 발달하였다.

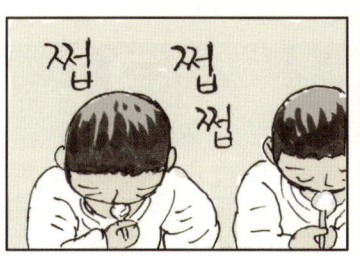

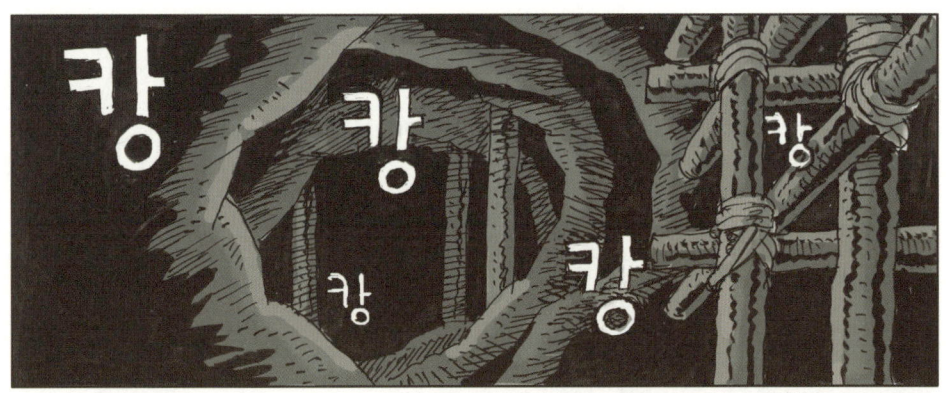

사또 말대로 한양에서 김서방 찾기지만 송심은 여각과 나루를 돌며 경용의 행방을 뒤쫓았다.

잘 모르겠습니다. 찾아오는 이가 한둘이 아니니.

박천에서 찾지 못하자 가산을 가고 가산에서 다시 태천을 갔다.

태천에서 찾지 못하면 운천으로 갈 생각이었다.

아 생각납니다요.

여기서 며칠 묵었었지요.

어디로 갔나요?

광산으로 가는 듯 보였습니다.

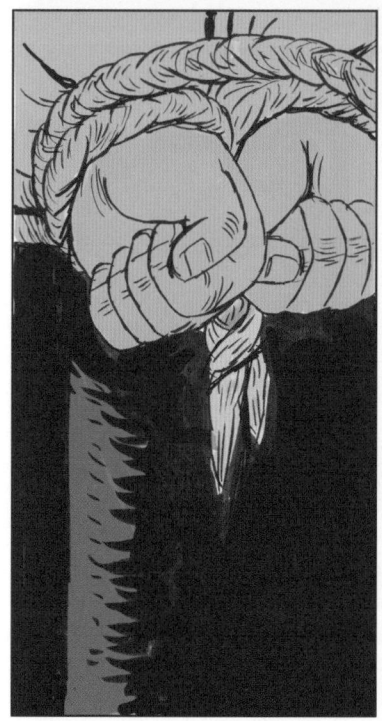

설마 관아에서 죄인들을 잡는 이 쇠좆매를 모르는 건 아니겠지.

퍽
악

퍽
악
악

말… 말하겠소.

누님과 내가 여기 온 것은 매형의 행방을 찾기 위함이오.

우리더러 그 말을 믿으란 거야?

동생 소매 속에 남편 용모를 그린 그림이 있소. 그게 증거요.

맞소. 그 일이 아니라면 왜 일없이 이런 그림을 지니고 다니겠소.

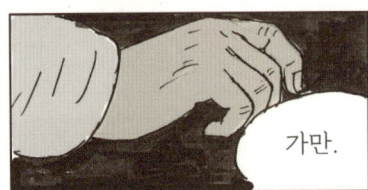

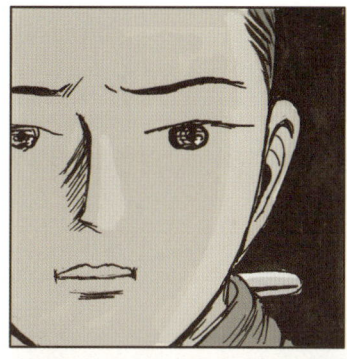

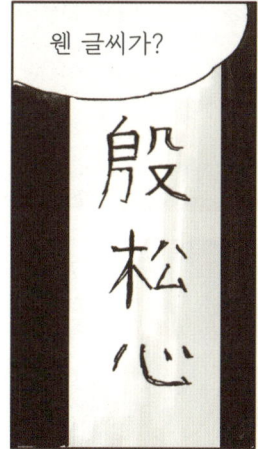

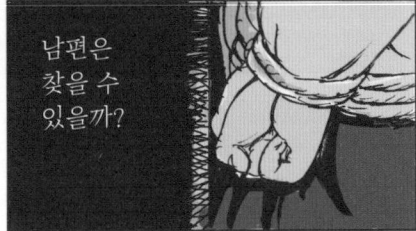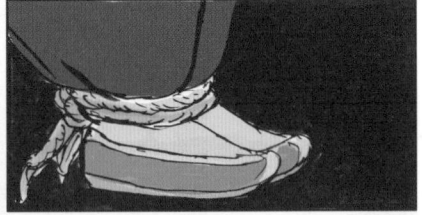

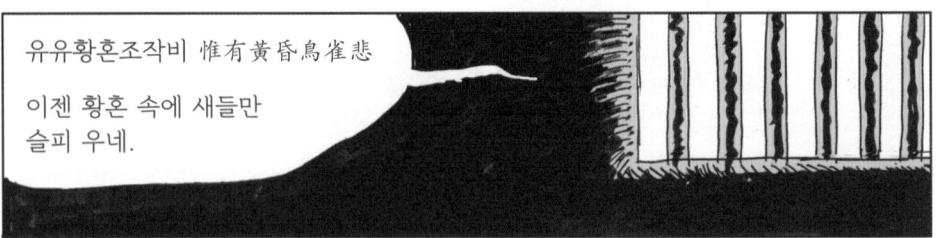

유유황혼조작비 惟有黃昏鳥雀悲

이젠 황혼 속에 새들만
슬피 우네.

동서구나.

형님.

오랜만입니다.

동서…

……

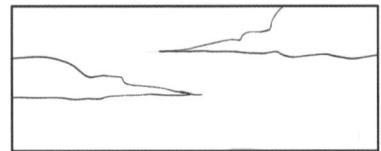

아주버님 행방을 찾기 위해 여기까지 오실 줄은 꿈에도 생각 못했습니다.

도울 일 있으면 도울게요.

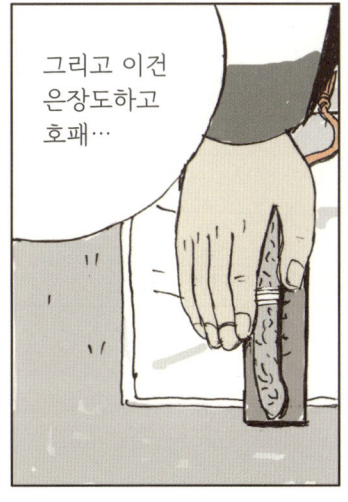

그리고 이건 은장도하고 호패…

일단 저희 집에 묵으며 쉬시지요. 아주버님 찾는 건 몸을 추스른 뒤 하시고요.

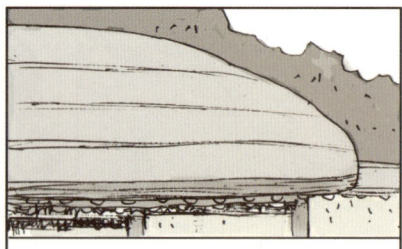

운이 좋았습니다.

남편은 남들처럼 금광에서 일하고 저는 상단에서 물목 적어주는 일을 하였지요.

친정집을 떠나올 때 가져온 돈도 얼마간 있긴 하였습니다만

여하튼 한 해 만에 꽤 돈이 모였습니다.

동서를 대하는 사람들의 태도도 예사롭지가 않아.

존경심이랄까.

그런데 이상하다.

함께 달아났던 씻개는 어디로 가 보이지 않는 걸까?

남편이 그토록 찾으려 했던 사람인데…

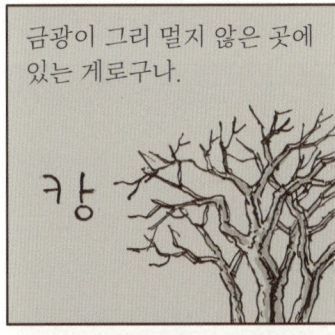
금광이 그리 멀지 않은 곳에 있는 게로구나.

형님, 적적하시지요.

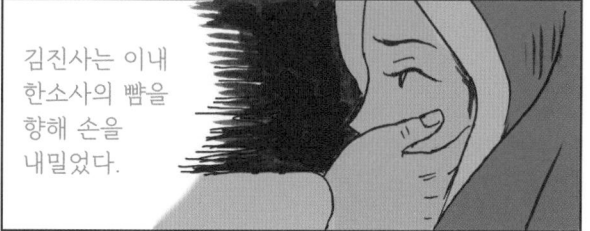

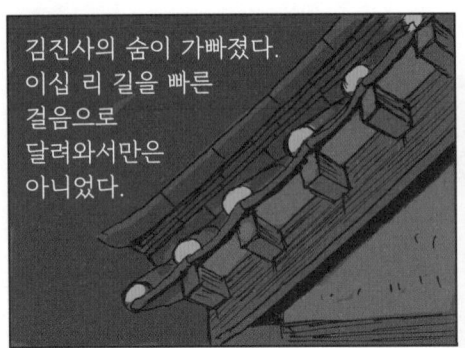
김진사의 숨이 가빠졌다.
이십 리 길을 빠른 걸음으로 달려와서만은 아니었다.

한소사.

오랫동안 연모해왔던 여인을 바로 앞에 두었기 때문이었다.

김진사의 손을 감싸 쥐며 눈을 감은

한소사의 숨도 거칠어지고 있었다.

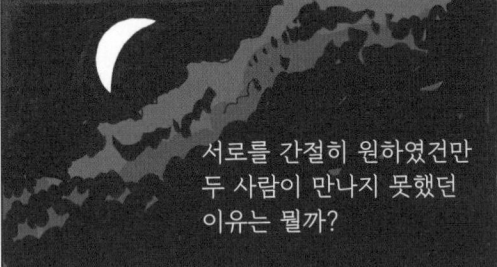
서로를 간절히 원하였건만 두 사람이 만나지 못했던 이유는 뭘까?

열녀가 되어 집안을 빛내야 한다는 강박이 철저히 바깥세상과 담을 쌓게 하였다.

일찍 세상을 떠나 얼굴조차 희미한 남편.

한소사는 마침내 귀신이 된 지 오래인 남편을 마음 속에서 지웠다.

열녀가 되기를 포기하고 현재의 감정에 자신을 맡기기로 했다.

서낭당 안으로 들어간 두 사람은 바닥을 뒹굴었다.

한소사.

나으리.

입술을 포갠 건 누가 먼저랄 것도 없었다.

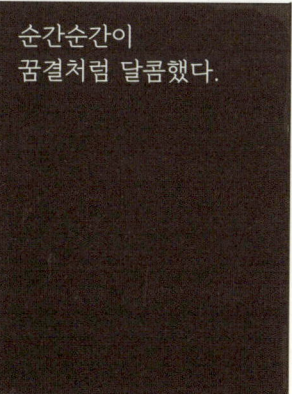
순간순간이 꿈결처럼 달콤했다.

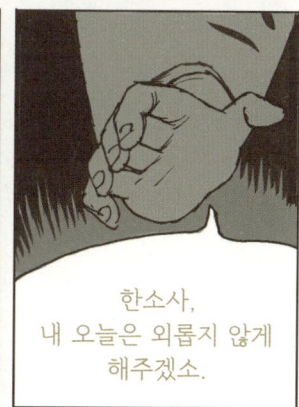
한소사, 내 오늘은 외롭지 않게 해주겠소.

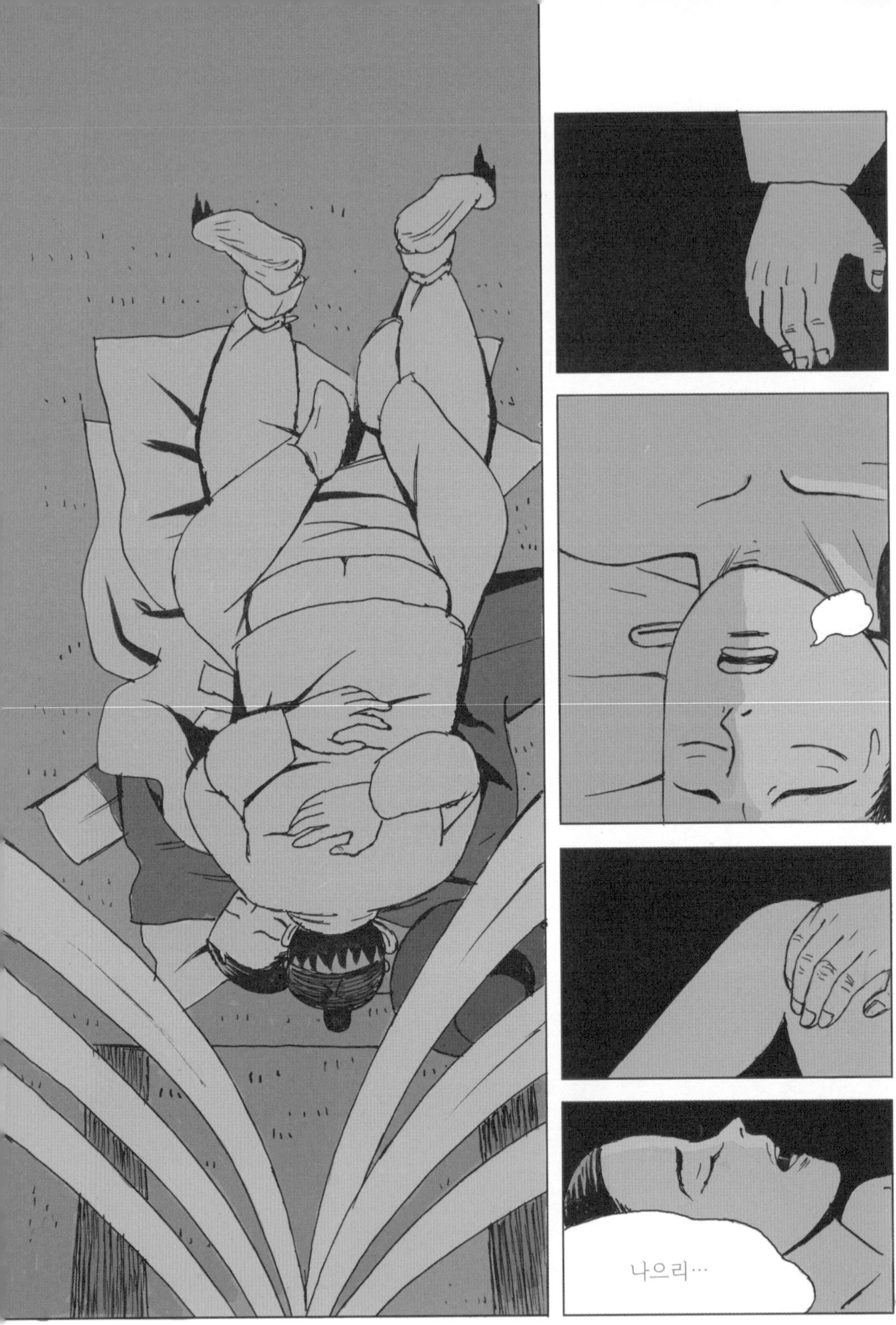

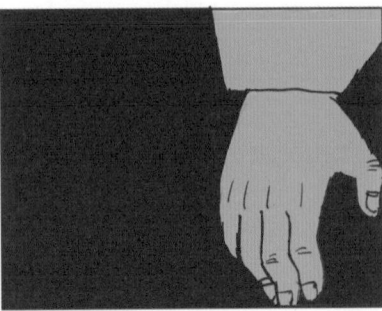
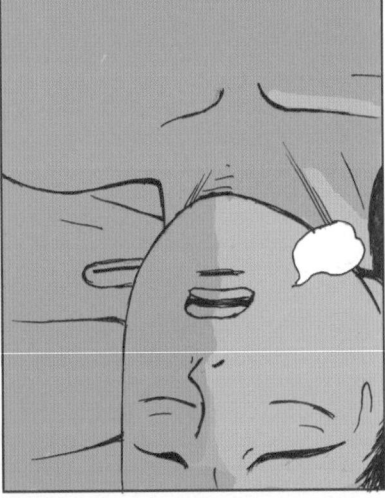
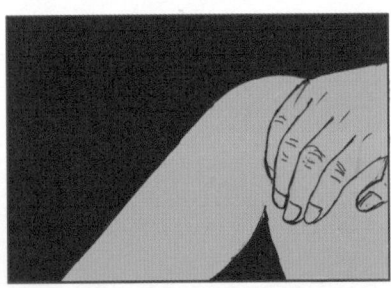

꿈에선 귀옥이를 업고 회화나무가 있는 뜰을 거닐곤 했지요.

숙모~

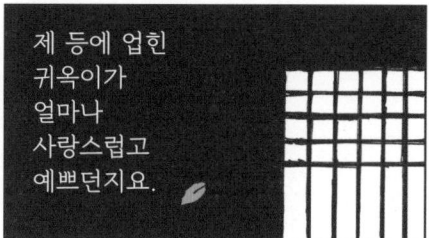
제 등에 업힌 귀옥이가 얼마나 사랑스럽고 예쁘던지요.

형님과 오래 오래 함께 있고 싶어요.

동서…

송심의 품에 안긴 숙영의 어깨가 흔들렸다.

괜찮아.

괜찮아.

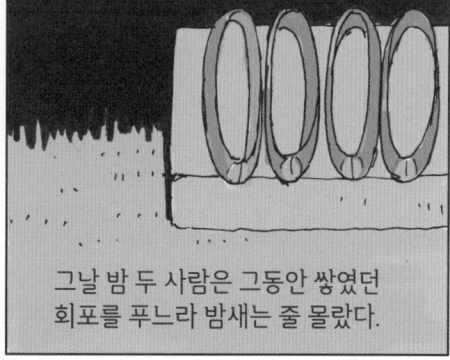
그날 밤 두 사람은 그동안 쌓였던 회포를 푸느라 밤새는 줄 몰랐다.

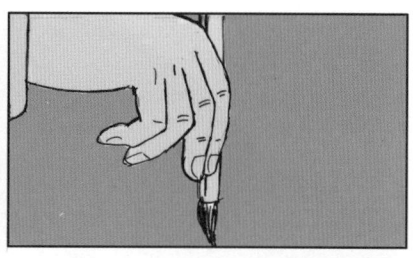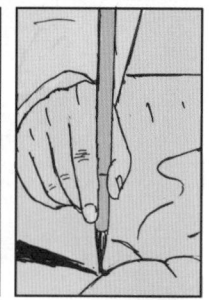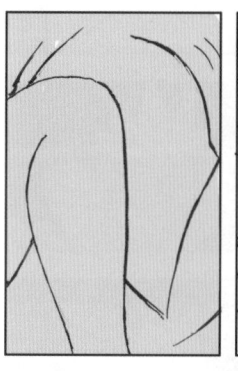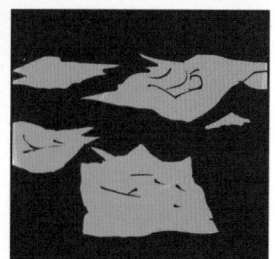

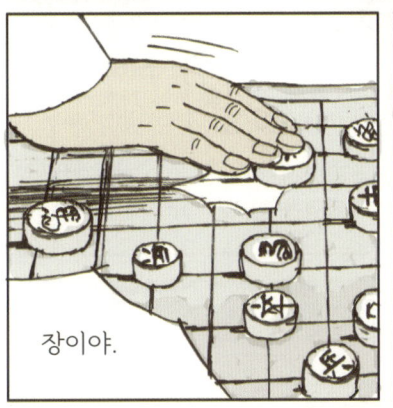

마치 감시를 당하고 있는 것 같은…

수상쩍은 게 많다 이겁니다.

……

그나저나 매형은 안 찾아요?

묘하구려. 매형이 찾고자 한 곳에 왔건만 정작 매형은 소식조차 들을 수 없고.

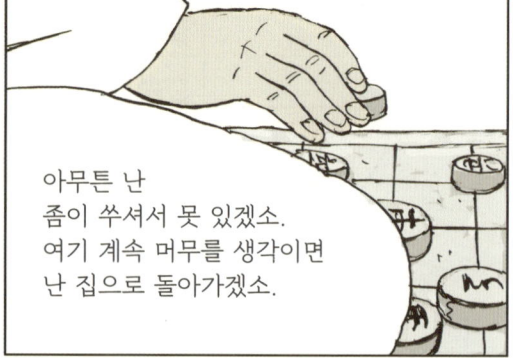

아무튼 난 좀이 쑤셔서 못 있겠소. 여기 계속 머무를 생각이면 난 집으로 돌아가겠소.

가산 관아.

봉기군은 백성들에게 가렴주구를 일삼은 가산군수 정시를 베고 민심을 달랬다.

원수께서 하실 말씀이 있으실 것이오.

와 와 와

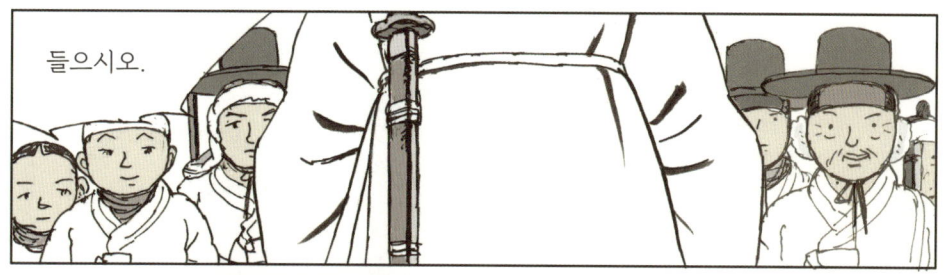

들으시오.

평서 대원수 홍경래.

평안도 용강 사람으로 몰락 양반이다.

평양 향시에 합격할 정도로 경서에 밝았고 병서와 제술서도 두루 읽었다.

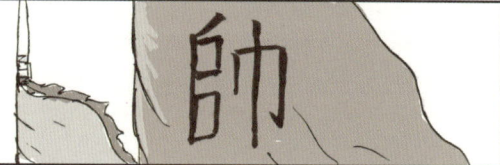

하지만 그를 변화시킨 것은 책장의 박제된 지식이 아니었다.

지관으로 전국 팔도를 떠돌며 세상 민심을 읽었다.

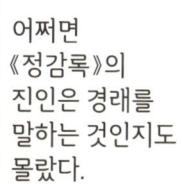

어쩌면 《정감록》의 진인은 경래를 말하는 것인지도 몰랐다.

10년을 준비한 거사이외다. 우리 앞을 가로막을 자 아무도 없을 것이오.

와
와

9화 봉기 209

우리가 세울 나라는 어떤 나라인가!
서북인에 대한 차별, 신분의
차별이 없는 나라요.
실력만 있으면 관리로
등용할 것이오.

백정이어도 좋소.
관노였어도 좋소.
재주만 있다면 높이 쓸 것이오.

피가 통하지 않으면
몸이 병들듯
물류가 통하지 않으면
나라가 망하오.
그러함에도 조선은
장사하는 이들을 천하게 여겼소.

이제 새 나라에선
사방팔방으로
물류가 흐르게 하여
장사하는 이들이 최대한
이문을 남기도록 할 것이오.

농자지천하대본야라 했소. 하지만 조정은
농사짓는 이들을 어찌 대했소.
새 나라가 들어서면 양반들에게
빼앗긴 땅을 돌려주고
세금을 감면해주리다.

산에서 철을 캐고 금을 캐는 이들에겐 나라에서 적당한 대가를 지불하고 필요한 만큼 사들일 것이오.

그리하여 튼튼한 무기를 만들어 나라를 지킬 것이오.

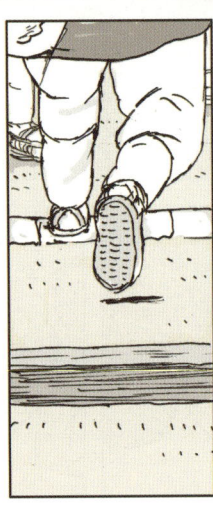

대원수.

그래, 어찌 되었는가?

북진군이 선천을 점령했다고 합니다.

오!

들었소이까. 부원수 김사용 장군이 이끄는 북진군이 선천을 수중에 넣었다 하오.

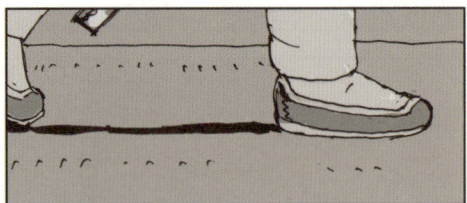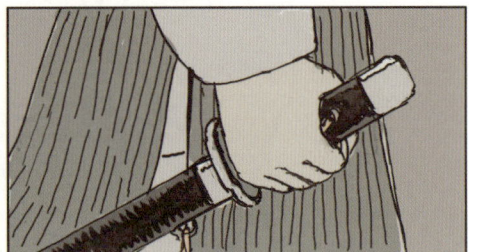

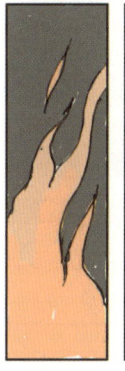

비록 자식의 목숨을 건지지 못했지만 함께 죽어간 것을 기특하게 여기는 것이여.

행랑채 망개아범은 우리가 먹는 음식이 아버지 목숨값이라고 했다.

같은 하늘을 이고 살아도 나와는 전혀 다른 사람들.

그들은 상전이었다.

주인, 특히 안채 식구들은 같은 집에 살아도 쉽게 볼 수 없었다.

행랑채는 물론 사랑채와 안채 사이를 담으로 막아 외간 남자의 출입을 막고 있었던 것이다.

그럼에도 나무를 져 나르거나 아궁이에 물을 길러 갈 때는 멀리서나마 안식구들을 볼 수 있었다.

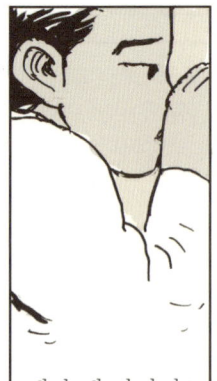
내가 왜 이러지?

약초꾼이 산에서 따 온 것인데 아주 달다.

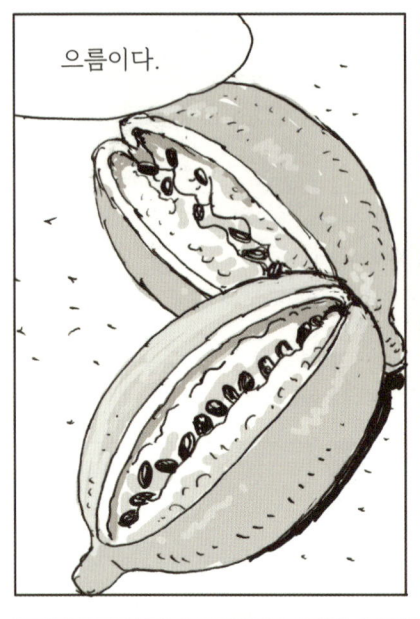
으름이다.

하긴 나무하러 산에 자주 가니 어렵지 않게 볼 테지만.

줄 게 이거밖에 없구나.

그때 먹은 으름은 그 어느 때 먹은 으름보다 달고 맛있었지.

두 해 전, 친정으로 와 있던 숙영과 씻개가 백천고을에서 달아나 터 잡은 곳은 태천이었다.

주인집을 떠난 씻개가 가장 먼저 한 일은 이름을 버리는 것이었다.

이제 당신 이름은 화성이에요.

숙영은 밤하늘에 가장 붉게 빛나는 별 이름을 따서 화성이란 이름을 지었다.

불 화 火, 별 성 星.

밑을 닦는 씻개에서 밤하늘에 가장 붉게 타오르며 빛나는 별로 불리게 된 것이다.

여보, 우리 백 살까지만 살아요.

백 살이요?

이승에선 서로 원없이 사랑하며 살다 죽어선 저 별이 되는 거예요.

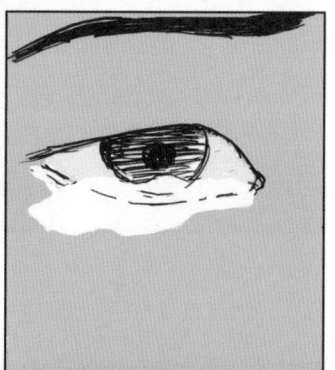

광산에 고용된 화성은 죽을힘을 다해 일했다.

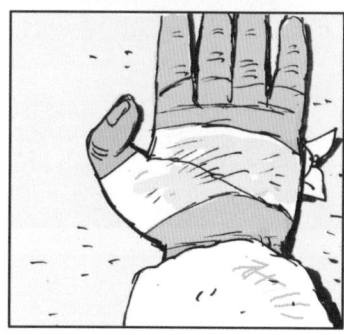

세상에. 이렇게 무식하게 일을 하니 어찌 몸이 견디겠어요.

하루는 쉬어요.

당신 맘은 알지만 쉴 수가 없어요.

조금만 더 고생해요.

캉 캉 캉

숙영은 상단에서 일하고 화성은 광산에서 일했다.

누구의 간섭도 받지 않고 살 수 있는 집 한 채를 마련하는 것이 두 사람의 간절한 소원이었다.

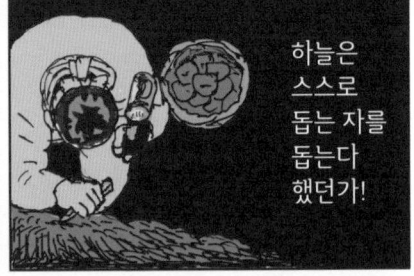
하늘은 스스로 돕는 자를 돕는다 했던가!

이건…

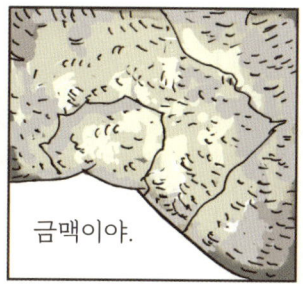

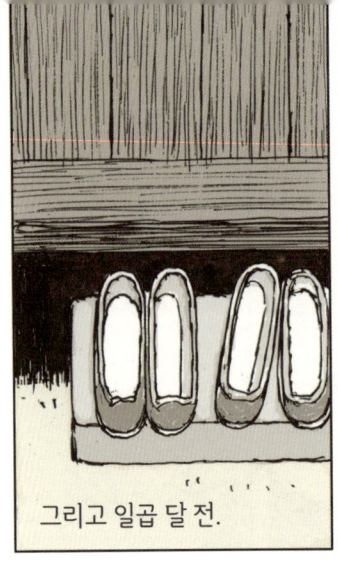

정씨 성을 가진 진인이 나타나
새 왕조를 연다는 말을 들어는 봤으나
자신과는 상관없는 일로 여겼었다.

생각할 시간을 주십시오.

오래 걸리지 않기를 바라오.

마침 숙영은 유산으로 인해 몸도 마음도 좋지 않은 때였다.

세상의 빛조차 보지 못한 아이를 위해 숙영은 날마다 태천에 있는 미륵부처상을 찾아가 기도했다.

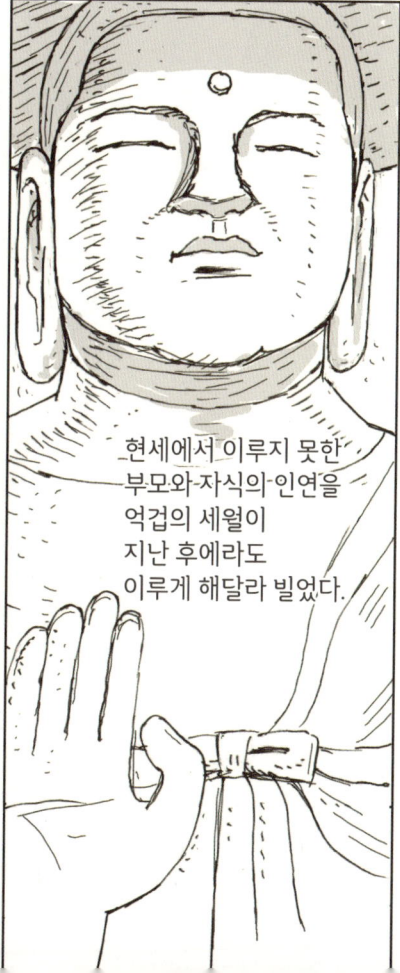

현세에서 이루지 못한 부모와 자식의 인연을 억겁의 세월이 지난 후에라도 이루게 해달라 빌었다.

우리가 여기 서북으로 오게 된 것이 운명이듯 봉기군에 가담하는 것도 운명이지요.

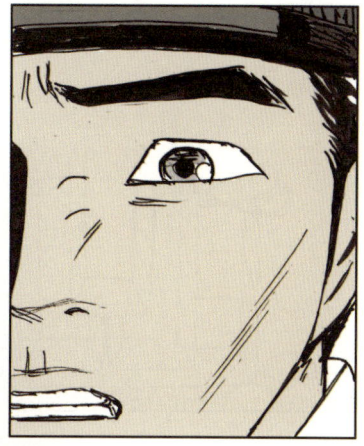

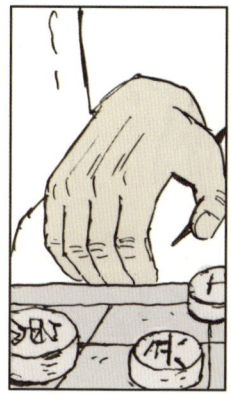

어찌될지 알 수 없는 일에 우리의 운명을 맡기잔 말입니까?

그럼 이 사실을 관아에 고발할까요?

일단 목숨은 부지하고 살 수 있겠지요. 하지만 그 뒤에는요?

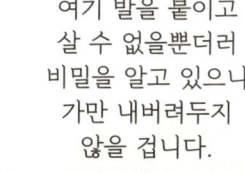

여기 발을 붙이고 살 수 없을뿐더러 비밀을 알고 있으니 가만 내버려두지 않을 겁니다.

모 아니면 도.

피해 갈 수 없다면 부딪혀야지요.

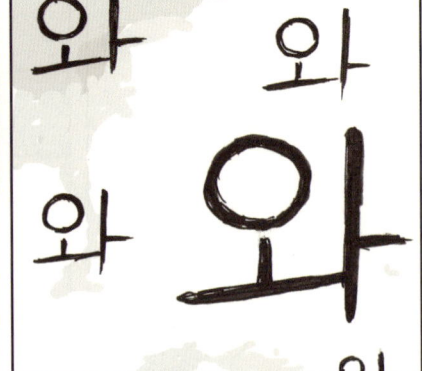

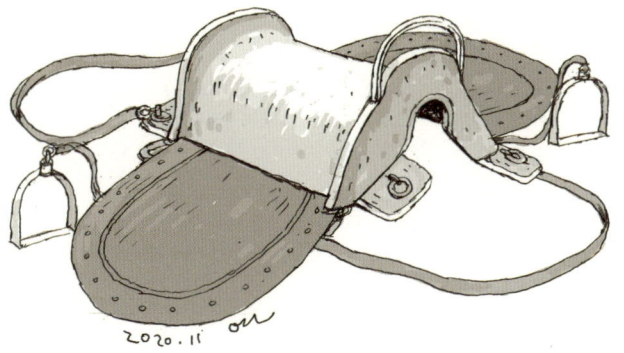

2권에서 계속됩니다

친정 가는 길 ①

글·그림 | 정용연

초판 1쇄 인쇄일 2020년 11월 30일
초판 1쇄 발행일 2020년 12월 7일

발행인 | 한상준
편집 | 김민정·강탁준·손지원·송승민
디자인 | 김경희·김미숙
마케팅 | 강점원
관리 | 김혜진
종이 | 화인페이퍼
제작 | 제이오

발행처 | 비아북(ViaBook Publisher)
출판등록 | 제313-2007-218호(2007년 11월 2일)
주소 | 서울시 마포구 월드컵북로 6길 97(연남동 567-40 2층)
전화 | 02-334-6123 **전자우편** | crm@viabook.kr
홈페이지 | viabook.kr

ⓒ 정용연, 2020
ISBN 979-11-91019-07-0 07910

- 이 책은 저작권법에 따라 보호받는 저작물이므로 무단 전재와 복제를 금합니다.
- 이 책의 전부 혹은 일부를 이용하려면 저작권자와 비아북의 동의를 받아야 합니다.
- 이 도서의 국립중앙도서관 출판예정도서목록(CIP)은 서지정보유통지원시스템 홈페이지
  (http://seoji.nl.go.kr)와 국가자료공동목록시스템(http://www.nl.go.kr/kolisnet)에서
  이용하실 수 있습니다. (CIP 제어번호 : CIP2020050253)
- 잘못된 책은 구입처에서 바꿔드립니다.
- 본문에 사용된 종이는 한국건설생활환경시험연구원에서 인증받은, 인체에 해가 되지 않는
  무형광 종이입니다. 동일 두께 대비 가벼워 편안한 독서 환경을 제공합니다.
- 이 책은 한국만화영상진흥원 2020 다양성만화제작지원을 받았습니다.